gaozhiyuanxiao
tushuguanjiansheyufuwuchuangxin

高职院校
图书馆建设与服务创新

夏季雷　著

中国出版集团　现代出版社

图书在版编目（CIP）数据

高职院校图书馆建设与服务创新 / 夏季雷著 .-- 北京：现代出版社，2023.12
ISBN 978-7-5231-0664-8

Ⅰ.①高… Ⅱ.①夏… Ⅲ.①高等职业教育—院校图书馆—图书馆服务—研究 Ⅳ.①G258.6

中国国家版本馆 CIP 数据核字(2023)第 233113 号

著　　者　夏季雷
责任编辑　毕椿岚

出 版 人　乔先彪
出版发行　现代出版社
地　　址　北京市安定门外安华里 504 号
邮政编码　100011
电　　话　010-64267325
传　　真　010-64245264
网　　址　www.1980xd.com
印　　刷　三河市腾飞印务有限公司
开　　本　170mm×240mm　1/16
印　　张　14.25
字　　数　175 千字
版　　次　2024 年 1 月第 1 版　2024 年 3 月第 1 次印刷
书　　号　ISBN 978-7-5231-0664-8
定　　价　49.80 元

前　言

　　高等教育是随着社会进步和生产技术发展而出现的,并逐步实现了更高水平的发展。高职院校图书馆的管理也随着高校的发展而实现了整体面貌的改变和管理水平的提升。当今我国进入了现代化信息技术不断变革和全面开展创新发展的新阶段,高校图书馆急需提高管理水平和开展服务创新以达到适应新环境、拓展新功能、满足新需求的发展目标。在此背景下,高校图书馆必须针对现阶段管理实践中存在的问题和任务,借助对图书馆创新的必要性、创新发展的方向和措施等方面进行深入研究,实现高校图书馆管理的深刻变革。

　　目前,信息技术和数字化技术得到了快速发展,在社会中的各个领域都得到了应用。各种类型的图书馆也可以借助信息化和数字化的优势,构建数字图书馆。高职院校也应该加强数字化资源的建设,使传统的图书馆管理方式和传统的图书文献转化为数字化的资源。高校的数字化图书馆建设具有重要的意义:一是通过收集和管理数字资源,可以让学校图书馆与社会各界的图书馆实现链接,加强了资源的信息化共享,让学校图书馆的功能无限扩张;二是数字资源对于学校的教学、科研工作能够提供更强大的支持,加快了图书馆资源的利用率。因此,高职院校构建数字化图书馆,加强数字资源的建设,既是高校应对信息时代的重要举措,也是高校图书馆实现进一步发展的重要条件。

在数字图书馆发展中,数字资源主要是利用信息技术创建的图书馆资源,通常会以磁性与光材料进行储存和传播的数字化图书资源。数字资源主要来自社会在信息技术背景下创造的新的数字资源,也包括传统图书馆文献的数字化加工。数字资源具有信息量大、传播速度快、更新速度快等特征,高职院校建设数字化,需要围绕本校在教学、科研方面的优势或是图书馆的文献资源特点对数字资源进行筛选和加工。

图书馆社会价值主要是通过图书馆信息资源建设和服务来实现的。因此,信息资源和服务对图书馆而言,其作用是不言而喻和显而易见的:促使文献资源建设理论发生了逻辑嬗变,经历了从最初的"藏书建设"到"文献资源建设",再到今天的"信息资源建设"的历史过程。这是一个由简到繁、由小到大、由具体到整体的演化过程,是内涵和外延不断加深与扩展的过程,它反映了这一研究领域理论的重大发展和变化。在这样全新的信息环境下,对现代图书馆进行信息化建设与服务的探究是非常必要的。

目 录

第一章 高职院校图书馆人文管理与发展

第一节 高职院校图书馆人文管理探讨

一、高校图书馆图书流通工作管理的思考

信息化高速发展的今天,计算机的普及以及"一卡通"的应用已大大提高了图书馆各项管理水平,而图书流通是衡量图书馆工作质量的重要指标。如何做好高校图书馆图书流通工作?试从图书馆管理中的几个问题谈几点看法。

(一)完善书库管理是做好图书流通工作的前提

目前,各高校图书馆都实行了"超市化"管理,读者只需持有效证件就可到不同书库查找自己所需要的图书。图书馆"超市化"管理标志着图书馆由封闭走向开放,由重藏走向重用。实践证明,这种管理方式大大方便了读者,也提高了图书资料的利用率,如何更好地给读者提供优质服务呢?

第一,营造安静、舒适、方便的阅读环境。要营造安静、舒适,清洁、卫生,空气清新、光线明朗的书库环境,每一个细小环节都要从读者的角度加以考虑,如:书库门外要清楚标明所藏图书的类别,书库内书架摆放合理、标志醒目。阅读处要配备一定数量的桌椅、垃圾桶,并提供饮用水。此外,还可根据情况,适当配置复印机等,提供有偿服务。

第二,分科设馆,科学排架,便捷查找。很多读者进入图书馆一片茫然,不知如何选择自己所需图书,学校图书馆按照文、理科分别设立了文科馆和

理科馆,馆内书架按照26个英文字母顺序从前往后排架,图书按照顺序从左到右、从上至下排放。读者无论是先在查询机上查找,还是直接在现场查找,都能快速、准确无误地找到有关图书资料。

第三,及时上架和调架,提高流通率。无论是归还的图书,还是新进的图书,都要及时按要求将图书上架,特别是新书上架时,会出现架位不够的情况,图书管理人员就要及时做好倒架、顺架工作,相应架标也要及时更新,以便读者准确查找,从而提高图书流通率。[①]此外,对知识更新较快的会计类、计算机类,以及政策、法律法规等一类的书籍,由管理人员每年清理一次,列成清单,上报领导审查批准,退出常用书架,作为备用查书馆藏。这样,不仅合理利用了馆藏空间,而且缩短了借阅者的查阅时间。

第四,随时整架,提高排架率。图书管理人员应该经常巡视书库,发现问题及时解决。有的同学不习惯将书归还原位,随手乱放;有的同学找到自己喜欢的书,怕下次来时找不到,就将书藏起,放在以为别人找不到的地方,这样就造成了乱架现象,致使有的图书长期放在一个地方,想看的同学又找不到,影响图书的利用。经常巡视、随时整架,督促读者养成良好的阅读习惯,使用书位牌,防止和减少乱架现象。

第五,及时修补,提高利用率:有些图书,如文学类,借阅率在我校图书馆一直处于首位,相应地,此类图书损坏率也较高,借还大厅工作人员要在读者归还时,发现需要修补的图书及时送到装订室,请专业人员及时修补;此外,有的图书条形码及磁条受到相应磨损及损坏,也会影响借阅,同样也应及时送到采编部处理,保证图书及时流通,提高图书利用率。

(二)加强图书馆设备软硬件建设和管理是做好图书流通工作的基础

实行数字化,尤其是计算机管理是图书现代化管理的重要手段。但是,在实际操作过程中,往往会出现一些问题:一是计算机有时会出现突然死机现象,尤其在借阅高峰期,会耽误读者借阅时间;二是扫描仪长时间使用后,

---

①侯欣易. 基于大数据的图书馆个性化服务实践途径探讨[J]. 数码设计(下),2020,9(11):279.

有时会出现误读条码信息,工作人员只能手工操作,影响借阅速度;三是安全监测系统不稳定,监测仪有时失灵,存在安全隐患,增加了工作人员的监管力度。

1.加强硬件建设。技术部要强化图书管理设备的选购和增添,同时要加强设备的检修和更新,要对日常使用的计算机、扫描仪和监测仪等设备进行定期保养和维护,确保设备运行正常。

2.强化软件管理。技术部工作人员要定期对软件进行维护,包括病毒处理和软件更新,同时,还要及时发现问题,采取补救措施。如我校图书管理软件由ILASII更新为ILASIII,以及借阅管理由借阅证更换为"一卡通"后,提高了图书流通管理水平,极大地方便了读者借阅。

(三)加强读者管理是做好图书流通工作的关键

在所有管理中,对人的管理尤为重要,实际工作中,我们发现很多读者存在一些问题,表现在以下两方面:一是对图书管理系统不熟悉,尤其是新生,既不熟悉图书分类系统,又不熟悉电子图书检索系统,往往是盲目地在图书馆随便翻阅,致使图书错架乱架现象时有发生;二是同学之间相互借证,导致借书超期或损坏、遗失等现象时有发生,尤其是关系到赔偿责任时,持卡人往往会怀疑是否是工作人员失误或计算机系统出问题?由此引起不必要的麻烦。

学校图书馆的数量最大的读者群就是学生,需要图书馆管理者抓住学生群体,培养学生使用图书馆记性学习的意识。学生也是流动性很大的群体,在他们毕业后,就不再会访问本校的图书馆。因此,图书馆管理者应该在学生入学阶段就应介绍图书馆的作用。例如:可以编印学校的图书使用手册,介绍图书馆的优势和功能;图书馆的信息查阅、图书借阅方法和图书馆的入馆规则等。

(四)提高馆员工作能力是做好图书流通工作的保证

第一,加强职业道德教育,树立"读者第一"的思想。高职院校图书馆的主要功能是为了服务学校的教育与科研活动,是传播各个学科知识信息的主要平台,其服务的对象是全校的教师职工和学生。因此,图书馆的馆员需要面对广大教职员工和学生,做好服务与管理工作,要让图书馆能够成为学校重要的知识传播中心。馆员应建立优秀的服务意识和责任意识,提高自己的图书管理能力和服务能力。

第二,图书馆馆员应该形成较强的业务能力,运用信息化的技术手段做好读者服务。在信息化的背景下,学校的师生通常使用网络平台和多媒体平台来进行交流、学习和研究工作,数字信息的交流已经成为院校开展教学活动的主要方式。高职院校图书馆也应该结合读者的需求,创建信息化服务平台。馆员也需要掌握利用信息手段服务读者的能力,馆员需要掌握图书馆内的数学平台的使用和管理方法,要运用信息化的信息网络与读者进行交流。同时,馆员也应该从网络中学习新的知识信息,掌握前沿科学,能够为教师和学生等读者提供信息咨询服务。总之,要做好图书流通管理工作,不仅要有良好的设施设备作为基础,还要有先进的管理思想和科学的管理水平,通过电子化、数字化和一体化,实现人性化。

二、高职院校图书馆的人性化管理

在以知识信息为主的社会发展环境中,人才已经成为社会各个领域的主要推动力量。图书馆在加强数字化管理的过程中,也要落实人性化管理,以馆员和读者为根本,加强图书馆管理制度的创新。人性化管理主要体现在为读者服务,坚持以人为本等层面,在面向读者服务时,要以读者的需求为出发点,为读者创造更加舒适、便捷的图书资源使用条件。需要图书馆加强服务平台和服务管理制度的创新,使全校师生体验到人性化服务。同时,图书馆还需要以馆员为重要的人才资源,加强人才队伍建设,改善馆员的工作条件,实行内部管理的人性化。

(一)高职院校图书馆人性化管理的内容

人性化管理的核心思想就是以人的生存和发展为管理工作的主要出发

点,使所有的管理方式和制度等都以人的需求为出发点。图书馆的人性化管理,主要是通过管理制度和服务体系的改革,为读者提供更加便捷和人性化的服务,让读者能够在图书馆中得到更加舒适的服务体验。因此,图书馆在管理过程中,应加强设施建设和服务方式改革,为人性化管理创造优异的软硬件环境。同时还要引入先进的管理服务理念,改善馆员的服务意识和服务能力。

(二)高职院校图书馆人性化管理的必要性

第一,人性化是信息化社会发展的重要主题和目标。人们在社会中采用的管理理念和管理制度是随着社会的进步而不断进步的。在工业化以前的社会中,人们通常采用的是传统的管理制度;在工业化和现代化以后,人们也进一步发展了管理理念和制度,用工业化和科学化的方式建立管理制度;在信息化以后,人的重要性被凸显了出来,需要全社会能够结合人的发展采取人性化管理。一些管理学者指出,管理的主要作用就是要为人的发展而服务,从而提高人的工作效率,为人创造出更好的生活、工作和学习条件。人性化管理被提出以后,在社会中的各个行业得到了普及。其管理的对象不仅包括服务的对象,也包括管理者本身。图书馆是一种公共机构和教育机构,加强人性化管理能够进一步提高图书馆的服务效能。

第二,人性化管理能够提高图书馆的服务质量。图书馆的管理专家指出,图书与各类文献资料的传播和发展,始终要体现为读者服务的宗旨。因此,图书馆在提供服务的过程中,不仅要依靠图书馆中的文献资源,更是需要发挥馆员的服务作用。图书馆馆员是为读者提供服务的主要力量,在馆员与读者进行交流的过程中,图书馆的服务才能得到保障。高职院校的馆员也是学校教职员工中的一员,其服务的对象也是教师和学生。图书馆要想提高服务质量,就需要建立人性化的管理机制。要通过人性化管理为馆员创造更好的工作条件和服务环境,让馆员提高自己的服务意识与服务水平,从各个方面满足读者的需求。

第三,围绕以人为本的理念构建图书馆的员工管理机制。在传统的管理制度下,图书馆过于注重对硬件设施和图书文献的管理,但对馆员的人性化管理不够充分。在面对读者服务时,也通常会忽略馆员的各方面需求。图书馆在管理馆员的过程中,通常会以规章制度来约束馆员的思想行为,但却容易忽略他们在自身发展和自身生活上的需求。为了提高服务的效率,往往会采用惩罚措施或是制度约束来促进馆员的工作能力。一些馆员由于自身的需求得不到满足,或是工作的环境得不到改善,会产生消极工作的态度,使图书馆难以留住高端人才,并影响了图书馆的工作质量。为此,按照以人文本的理念,图书馆应该为馆员的发展创造更好的环境,通过物质和精神上的激励,鼓励馆员主动学习并改善服务质量。因此,图书馆的人性化管理要从内部做起,从设施环境、制度环境和人文环境上满足馆员的需求,才能更好地达到为读者服务的效果。

(三)实行图书馆人性化管理的途径

1.基础设施人性化。图书馆基础设施建设是做好服务工作的前提和保障,现代化的电子阅览室内微机可以较好地满足读者网上查阅;图书馆可采用ILAS软件系统实行自动化管理,建有网络服务一级站点;检索阅览用机、打印机、复印机、扫描仪、监测仪等现代化管理设备;铺上柔软的地毯,减少走路和高跟鞋等噪声;设立存包柜,便于那些借书后需要来回背书的借阅者有个能存书的地方;设立图书杀菌机,为借阅者提供干净卫生的图书;阅读的桌面设置隔断以提供相对私密的阅读空间,等等。图书馆只有建设现代化和信息化的基础设施,才能更好地服务读者。良好的图书馆空间能够为读者提供舒适、安静的阅读环境,让读者能够在图书馆中提高自己的学习效率。同时,借助信息化的服务平台,读者也能够更方便地查询各类图书和数字化资讯。这些基础设施的建设,都是图书馆创建人性化管理模式的硬件条件。

2.推行管理理念的人性化。图书馆要想建立人性化的管理制度,就需要让管理者和馆员都吸收人性化的管理理念。其基本的理念在于将过去的以文献管理为主,转变为以服务为主的理念,全馆的制度建设、人员配置和设施建设等都需要满足读者的需求。在建立管理制度的过程中,图书馆要按照服务的要求来配置岗位和人员,加强对馆员的培训,提高馆员的服务意识。同时,按照以人为本的要求,图书馆也要建立员工激励制度,加强薪酬制度和奖励制度的改革,为员工创造更好的工作环境。

3.实现图书馆服务的人性化管理。图书馆在面向读者的服务过程中,需要在硬件设施和人员服务的基础上建立服务体系,能够为读者创造更好的阅读、查阅和图书借阅环境。高职院校图书馆的主要服务对象是教师和学生,是为了师生的教学、科研和学习等主要任务而服务的。构建服务体系的人性化,需要结合以下内容入手:一是对于教师的教学和科研需求,图书馆应该为教师的工作提供更多专业性的资料,图书馆馆员也要在信息咨询等方面提供服务。同时,图书馆可以围绕教师的需求,加强教育类、学术类的资料分类。二是对于学生的学习需求,图书馆要扩大内部的自习空间,为学生创建自主学习的条件。同时,结合学校各个学科的分类来创建图书资料库,让学生能够围绕本专业的学习查阅资料。三是要为读者其他方面的需求来提供服务,教师和学生都有着娱乐、休闲等方面的需求,图书馆也应该扩展图书文献馆藏资源,培养学生的课外阅读习惯。四是构建信息化、网络化的服务体系。目前,广大师生都习惯与使用数字化手段来进行学习和资料查询,学校图书馆也需要创建网络平台和网络媒体,加强与读者的交流,推进服务的数字化。

4.图书馆开馆时间的人性化。对于高职院校的图书馆来说,教师和学生的作息时间与社会上的读者有着很大的不同。通常师生会在工作日的白天开展教学活动,许多人会选择双休日或夜间来访问图书馆。因此,学校图书馆的服务时间要与教师和学生的作息时间相对应。在开学期间,最好要保障24小时开馆。在寒暑假时,可以按照社会上的工作日进行开馆。图书馆的馆员应该采取轮班制调整作息,使员工能够更好地为读者服务。

5.服务方式实现人性化。图书馆在建立人性化管理时,要坚持以服务读者为主,让各种服务方式都能够满足读者的需求。结合数字图书馆的建设,高职院校需要改变过去服务台式的服务方式,加强数字化、自主化服务方式的转变：一是要在图书馆内建设智能化的无人服务台，为读者提供图书借、还和信息咨询等服务；二是要结合读者的阅读需求，创建更多的开放式书架，让读者可以自主选择图书；三是要建立多馆的服务共享业务，让读者能够多馆借阅，建立通用的借书手续。总之，高职院校图书馆在提高管理能力，加强服务创新的过程中，要以人性化为根本，转变设施建设、馆藏资源建设和服务体系，让图书馆能够满足广大师生的信息服务需求。

三、高职院校图书馆绩效考核探讨

图书馆在对全体员工进行管理时，必然会采用一定的绩效考核制度。绩效考核是考核员工的工作能力，为员工制定升职和薪资的重要标准。考核制度也能让员工更好地发现工作中的问题，为员工找到自我发展的方向，从而促进员工能够提升自己的工作能力和服务质量。绩效考核是提高图书馆对员工管理能力的重要途径，但目前许多高职院校中的人员管理制度都比较落后，使考核制度也出现了一定的问题。

（一）当前图书馆绩效考核存在的主要问题

许多图书馆采取的绩效考核方法是在年终对员工的工作进行总结。有些图书馆采用员工自我总结的方法，也有些图书馆采用直属领导总结的方法，还有一些图书馆采用的是进行评选的方法来评定工作成绩。但由于缺乏绩效考核的监督，许多人采取的总结评价方式都是流于形式，对于员工的能力提升十分有限。

1.缺乏良好的沟通环境。图书馆实行绩效考核的目的是提高管理效率、工作效率以及对员工起到激励作用，因此，要求每位图书馆工作人员真正了解考核目的、考核方法、考核制度等内容，并理解与支持。但目前高职院校图书馆考核形式大多是抽象性的、理想化的规定和要求，并以文件的方式下发的，有些规定和要求并不是很合理，员工也不是真心接受，形成规定与实际脱节，加之缺乏沟通、协调，很容易引起大家的抵触情绪。

2.缺乏科学的考核体系。要想真正做好绩效考核，使绩效考核在图书馆工作中发挥积极作用,科学的考核体系是关键。目前在图书馆的考核中,多数图书馆现行的绩效评价仅仅局限于"德、能、勤、绩"等抽象的规定和要求,并且考核要求也没有具体化,表现在:一是没有具体到职责岗位;二是没有具体到岗位人员。考核体系的不科学,使得考核失去应有作用,不仅起不到激励作用,反而影响员工的积极性以及对图书馆的认同感,直接影响了考核效果和工作效能。

3.缺乏科学的考核制度。高职院校图书馆肩负着学校知识信息服务的功能,而图书馆的绩效考核,每年年终进行一次,平时基本上没有进行绩效考核,这样使考核者和被考核者之间很容易形成只对近期的工作进行考核而忽略平时的业绩。

(二)完善绩效考核的有效途径和方法

1.创造公平公正的考核环境。高职院校图书馆的绩效考核应该针对整体的工作,围绕全体领导和员工来进行,考核要拥有统一的标准,并具有公平公正的环境。全体人员能够认同考核的方式与结果,能够从提高管理质量,促进员工发展的角度来对待绩效考核。

第一,从管理层加强考核制度建设和监督。图书馆的管理层要对考核制度的建设与考核的落实进行决策和监督,管理人员要统一思想,吸收先进的管理理念,并结合本馆的实际人员和管理环境建立绩效考核制度。考核制度包括考核标准、考核方式和监督机制等。管理人员要以身作则,带头落实各项考核制度,能够在执行过程中起到监督作用,让绩效考核做好公平、科学、公正,能够得到全体员工的支持。

第二,绩效考核落实到基层。绩效考核制度是提高图书馆管理水平的重要方式,能够对员工起到监督和激励的作用。同时,考核的结果也涉及员工的晋升和工资调整等切实利益,需要在基层员工中得到支持。为此,在管理层的带动作用下,要让员工能够了解考核的作用和方法,让全体员工能够认真对待考核结果。管理人员也要在基层员工中进行调研,了解他们对于考核制度的想法,满足员工的合理需求,进一步完善考核管理制度。

2.制定科学的考核体系。科学、切合实际的考核体系是做好图书馆绩效考核的基础。现在绩效考核的方法有很多种,如 KPI 平衡计分法、权重计分法、EAV 及 360 度绩效考核与评价法等。任何一种考核方法都有其特有的优点和问题,需要图书馆的管理者能够结合实际情况来选择不同的考核方法:一是在深入研究本校图书馆的特点和实际管理情况,了解管理结构和员工的需求,按照图书馆的发展需求来制定考核的方法;二是通过研究图书馆的岗位情况和人员配置情况,建立分层级的考核标准,能够让管理者和员工按照工作内容的不同采用相应的考核办法;三是考核方法的选择要体现人性化的特点。员工在工作的过程中,会体现出明显的个人特点,从而使自己的工作方式和个人发展方式体现出差异性,图书馆在制定考核方式时,不应完全按照统一的标准来进行,而是要充分发扬员工的优点和个性。人性化的绩效考核也能进一步提高员工自主发展的积极性,有助于提高图书馆的服务水平。

3.建立严格的考核制度。绩效考核制度是考核工作中的关键。高职院校图书馆绩效考核制度包括:考核机构的建立、考核方法的规范、考核信息的反馈、考核奖惩的兑现。

(1)建立图书馆的考核部门:图书馆要想确保工作的绩效考核更加公平、公正,需要有专门的考核部门对考核工作进行监督和管理。考核部门的建设,应该以图书馆的领导层为主,吸收各部门的主管人员,还需要培养专门的考核技术人员。图书馆的领导层需要在考核标准制订、考核计划的实施方面发挥决策和监管作用;其他部门的主管领导要对各个部门的考核工作担任主要的实施任务,带领员工按照考核标准和计划进行绩效考核,吸收一线员工的意见。

(2)建立规范化的考核方法:具体的考核工作需要在规定的时间内,采用科学的方法来进行。考核主要分为日常考核和最终考核。日常考核主要包含对图书馆日常的文献资源管理、设备维护、服务质量监督等工作进行随时的考核检查,在时间上应该具有随机性,相关部门可以采用抽样的方法来进行考核。最终考核一般是在年终来进行,是对所有员工和图书馆整体工作进行的考核。

（3）加强信息的收集和整理：绩效考核工作能够让图书馆的管理者深入了解一线工作，借助考核过程来收集图书馆的运营管理信息。在考核过程中，相关人员应该收集各方面的信息，尤其是一线员工和基础部门的工作情况，其中包括优点和问题等。管理者要通过考核掌握全体员工的真实情况，对优秀员工给予更多奖励。

（4）运用考核的结果实施考核奖罚措施：图书馆的考核结果形成后，图书馆要如实掌握各个部门和员工的工作成绩，将考核结果与图书馆的绩效奖罚结合起来。考核工作要符合员工的切身利益，为员工提供薪资和职位上升的渠道。图书馆要如实落实奖罚措施，让员工对绩效考核的结果产生认同。

总之，图书馆在加强现代化管理制度的建设过程中，要将绩效考核纳入整体的管理体系当中。图书馆要按照部门和员工的实际情况，图书馆的业务范围和功能，构建符合自身发展的考核机制。要通过绩效考核，进一步提高员工的工作积极性，改进基础管理和服务工作的不足，让高职院校图书馆迈入现代化、科学化管理的轨道。

第二节 高职院校图书馆工作发展建设

一、高校图书馆导读工作浅析

高职院校图书馆是学校能够收集各类文献和教育科研资源的主要平台，能够为全校师生提供优质的信息资源。图书馆也是学校内部重要的教育、科研和学习场地，对学生的成长能够产生巨大的帮助。当前的社会是一个信息化的社会，信息量的过于庞大，也容易让大学生难以筛选出有价值的信息，有可能造成自主学习的盲目性。为此，高职院校图书馆还应该帮助师生做好文献信息的筛选和导读工作，给读者提供更加精准、有用的知识信息。

（一）做好图书馆导读工作的重要性

第一，通过图书馆的导读，让学生养成热爱阅读的习惯。在目前的高校教育中，许多大学生更愿意在网络中获取各类咨询，喜欢网络媒体中那些碎片化的内容，这也造成了大学生阅读习惯下降的问题。如果大学生无法养成良好的阅读习惯，他们就不会将更多的时间分配到图书馆的访问当中，而是选择其他的课余生活方式。为此，图书馆应针对大学生进行图书文献的导读，在图书馆内建立图书导读的信息服务。要针对不同专业的学生收集学科资料，让大学生可以在图书馆内学习知识。

第二，在图书馆导读工作下，让大学生的阅读质量得到提高。高职院校在建设图书馆馆藏资源的过程中，要按照教育部门的要求增加文献数量。除了传统的图书文献，图书馆还应该增加数字化信息的积累，结合学校各个专业的建设情况，增加更多的前沿信息。目前，在图书馆大量增加文献信息馆藏的基础上，也容易让大学生难以选择有效信息，许多学生尽管增加了阅读量，但有许多信息都是无用的，其阅读效率也会下降。为了解决信息量增加和学生阅读效率之间的矛盾，图书馆也需要针对馆藏信息建立导读系统，为学生的阅读提供更好的指导。图书馆应该用更加便捷的查询系统让学生能够找到自己想要的文献，并且针对学生的需求来提供阅读指导。

第三，图书馆的导读工作有利于提高学生自主学习的积极性。大学生在学习过程中，除了接受教师的课堂指导，还需要用更多的时间进行自学。在学生自主学习的过程中，离不开图书馆的帮助。为此，高职院校的图书馆应该发挥教育功能，针对学生自主学习建立图书资料的导读系统。如果学生在自学时，找不到读书的方向和有用的资料，其学习的积极性将会受到影响。图书馆的导读就是要针对校园内各个学科的情况，研究学生的需求，为学生提供可以参考的资料系统。

（二）当前大学生阅读现状

在信息技术高度快速发展的社会背景下，大学生在获取知识信息时会更加愿意使用个人电脑和手机等网络用户端，图书馆在知识信息的权威上有所下降。同时,网络信息的大量传播,也进一步压缩传统图书文献的地位,让大学生的阅读量进一步下降。大学生在选择图书馆的知识信息时,也存在盲目性,使他们难以更有效地利用好图书馆资源。

1.大学生对于图书馆访问的主动性下降。研究表明,大学生在进入大学生活后,没有形成主动使用图书馆的习惯,只有在写毕业论文或是在教师的要求下,才会主动地访问图书馆查阅资料。图书馆的空间是许多大学生进行自习的场所,但对于图书馆内的图书文献资源利用率不高。

2.大学生掌握的图书馆信息查阅能力有限。许多大学生在图书馆内查阅资料时,面对较多的图书信息资料,自己也难以做出更好的选择,使得学生难以找到对自己学习有用的文献资料。为此,图书馆需要为大学生建立更加智能化的检索系统,同时还需要让馆员为大学生提供信息咨询服务。

(三)如何做好图书馆导读工作

第一,图书馆的导读工作需要在大学生入学时全面开展。在新生入学后,图书馆应该为学生编印导读手册,并利用网络媒体、学生社团和海报等,加强对新生的宣传。在新生访问图书馆时,图书馆还要进行必要的培训和服务,指导学生正确使用图书馆的检索系统。

第二,图书馆需要围绕阅读和知识信息传播,组织开展主题活动,对大学生产生吸引力:一是结合读书日和校园文化节等活动,建立读书会等专题活动;二是结合学校中的学术文化活动,开展主题讲座等活动。

第三,建立图书信息传播体系,让大学生及时获得图书馆的新闻信息。为此,图书馆应建立自己的自媒体平台,创建更多有阅读价值的图文信息,吸引大学生关注,并随时发布图书馆的新信息。同时,图书馆应结合校园内和图书馆外部的信息传播专栏,创建各类海报等加强新书宣传、活动宣传等。

第四,建立专题数据库,为学生的学习提供高质量的知识信息。大学生在开展论文写作和课题研究时,对于外部资料的需求会更加强烈,因此高职院校图书馆应结合大学生的需求,按照各个学科和学术项目的特点,为学生提供学术资料。

二、影响高职院校图书利用的内部因素分析

高职院校内的图书馆最主要的读者群体均来自学校内部,即学校内的教师、职工和学生。这些读者群体对图书馆的使用情况决定了图书馆的资源利用率。教师和学生对图书馆的使用率也会受到外部因素的影响,例如,当教师和学生能够利用自己的计算机更方便地使用网络中的信息资源时,就会减少对图书馆的使用。为此,要想提高学校图书馆的使用效率,图书馆就需要从读者的需求入手,充分利用信息技术,创造智能化和网络化的图书馆服务平台。要借助数字馆藏和信息服务的优势,为广大教师和学生主动创造质量更高、速度更快的信息服务。

一些图书馆也在服务方面推行数字化和智能化的管理,例如,建立"一卡通"系统,能够为教师和读者建立一个校园内通用的数字卡片服务,使读者使用图书馆更加便利。同时,图书馆还可以建立菜单式和自主化的图书借还系统,让读者能够按照自己的作息时间进行图书借阅,从而减少了传统图书借阅的手续。总之,学校图书馆要想提高使用效率,就需要在馆藏资源、信息服务和窗口服务等方面进行数字化改革,适应信息技术的要求。同时,还需要提高馆员的服务意识,推行人性化和贴心化的服务,让教师和学生能够在图书馆内得到更加舒适的体验。

(一)图书管理工作者

图书馆在改进管理和服务质量的过程中,最主要的是发挥图书馆馆员的作用。高职院校图书馆最主要的服务对象是教师和学生,他们对于知识信息有着很强的需求,因此,学校的图书馆在服务方面要发挥教育和学术的作用。图书馆的馆员需要具备较强的信息服务能力,并提高自己的业务水平和思想素质。

1.思想因素。图书馆作为学院后勤服务部门,承担着学院的教学、科研服务工作。但在大多数人眼中,图书馆工作人员的身份不是"后宫"就是老弱病残的栖身地,在很多人心里也就不怎么被重视。传统的图书馆只需要提供

图书的借还即可,不需要图书馆承担较复杂的职责,导致了许多馆员在工作上没有形成服务意识,只会在图书馆的日常管理当中活动。许多馆员因此在工作中产生了懒惰心理,也缺少为读者服务的热情。

2.业务能力的因素。图书馆馆员需要与读者建立良好的互动关系,能够切实满足来访师生的文献信息需求,并在服务当中有着良好的业务能力。馆员在工作过程中,既要做好对文献资源的管理,也需要加强图书馆与读者之间的联系,让读者产生对图书馆使用的热情。为此,馆员需要在以下方面提高自己的业务水平:一是能够热情地对待读者,尤其是学校图书馆中的学生读者,需要为其提供必要的指导;二是能够提供各项咨询服务,让读者能够正确地使用图书馆中的设备;三是要认真落实图书馆的管理制度,确保图书馆软硬件环境的维护;四是要平等对待各类读者,能够以和善的语言开展工作。

(二)图书馆藏情况

图书馆馆藏文献资源的情况是提高读者使用率的关键要素。许多高职院校的图书馆在馆藏资源建设中缺少目的性和针对性,导致许多馆藏资源对师生的发展和学校的学科建设没有实际作用,读者也不会用到这些文献资源。因此,围绕高职院校的学科建设和教育工作,图书馆应进一步满足实际需求,让馆藏资源的使用价值得到提升。

1.按照学科建设的需求来创建馆藏体系。许多高职院校的图书馆的知识性文献资源过于陈旧,这是导致许多教师和学生不愿意使用的根源。当前的许多学科的知识更新速度较快,使许多过去的知识文献存在错误,无法满足学校科研和教学的需求。同时,随着高职教育的发展,许多新的学科也成为重要的学科,如装潢、设计等专业,但图书馆却缺少相关学科的图书文献。馆藏资源与学科发展的矛盾,正是导致图书馆利用率下降的一大因素。

2.图书馆的载体对于读者使用率的影响。在信息技术深入校园的情况下,教师和学生都可以借助网络平台来获取专业性的知识信息,这导致传统的印刷品图书文献的使用率下降。为了改变这种局面,高职院校图书馆也应加强数字文献和网络图书馆的建设,为读者提供视听结合的文献载体形式。

(三)图书的利用方式与手段

高职院校图书馆在完善自己馆藏的过程中,也需要改进馆藏资源的利用方式,加强图书馆文献资源的传播和利用效率。图书馆资源的主要利用方式来自两个方面:一方面是进行被动的利用,即读者通过访问图书馆,以借阅的方式获取图书资源。在这种情况下,图书馆需要改进文献资源的查询途径,简化借阅的流程,让读者能够更方便地选择自己所需的资源。这是一种传统的图书文献利用方式,但在信息化的社会中也会造成使用率的下降,甚至读者的流失。在信息化的背景下,图书馆不能局限在被动式的文献利用方式,而是要通过资源的开发,让馆藏资源的使用率不断提高。另一方面,图书馆需要构建主动型的资源利用方式。主要是图书馆的馆员要主动地发布信息,加强图书馆资源优势的宣传,主动地吸收读者。对于高职院校的图书馆来说,主动的资源开发和利用也主要在校园范围内,能够对学生群体加强图书馆的传播:一是在新生入学阶段,让他们能够深入了解学校的图书馆;二是利用图书馆的资源优势,开发专业性的读书和学术文化活动;三是建立校园内和网络自媒体的宣传渠道;四是建立数字信息服务体系,积极参与学校的科研和教学活动,为广大师生提供有价值的信息。

图书馆文献的主动利用和被动利用都需要以读者为中心,以馆藏资源为基础,建立现代化、信息化的资源开发模式。在被动利用过程中,图书馆要不断满足读者的需求,能够通过信息服务平台的建设,提高读者自主使用图书馆资源的能力。在主动的利用过程中,图书馆需要对读者使用知识信息起到引导作用,加强对图书馆文献资源的宣传。

图书馆在开发和管理过程中,要建立信息化和现代化的资源开发体系。目前,高职院校图书馆在使用数字化管理软件上产生了良好的效果,未来还需要加强数字化基础设施的建设,让图书馆成为数字信息的大数据平台。图书馆也需要结合校园"一卡"通建立一体化的服务管理体系,为学生创造更好的资源利用条件。但目前存在的问题是图书馆的馆藏建设无法满足知识信息快速发展的趋势,使馆藏资源存在一定的滞后性。

图书馆只有实现了馆藏资源数字化、利用网络化、管理现代化、业务标准化、服务人性化,才能提高图书的利用。

三、利用高校图书馆资源提高大学生信息素养

信息社会的主要特征是信息技术在各个领域得到了广泛应用,同时知识信息的生产和传播速度明显加快。在信息时代背景下,高职院校也需要提高大学生的信息素养,即要让大学生能够掌握信息技术,加强新知识的学习,具备信息收集与筛选的能力。图书馆要成为高职院校培养大学生信息素质的教学工作中的主要阵地,加强信息的传播,为学生提供可以学习的高质量信息资源。

(一)信息素养的内涵

在计算机和初代互联网被应用在社会生产领域当中时,许多学者就提出了信息素养的概念,对人才的培养提供了新的方向。信息素养既包含了传统的知识技术素养,也包含了信息技术能力和信息意识。在信息素养教育中,学校和社会的主要任务是,提高全体公民的信息意识,并让社会各个领域的人才都掌握信息技术。图书馆作为传统的知识信息整合和传播的机构,也需要占据数字信息的前沿,能够对人们信息素养的形成创造信息加工、整理和利用的条件。

1.文化素养。文化素养主要是指人们能够掌握知识的能力,通过接受教育和自我学习,可以使自己的知识得到丰富,社会技能得到增强。在信息化社会中,人们还应该具备对信息的检索、分析能力,从海量的信息中获取高价值的信息资源。

2.信息意识。信息意识主要是人们所具备的对信息的识别和学习能力。在信息高速发展的时代,高价值的信息会被许多无效信息所稀释,这就要求人们能够把握知识信息的发展方向,对信息的利用产生敏感性,从而让自己有意识地去学习有用信息。

3.信息技能。主要是指获取信息能力、信息加工处理能力、消化吸收信

息等能力。大学生有较强的信息技能,意味着获取信息和利用信息的效率高。

(二)信息时代对大学生信息素养的要求

1.知识信息快速增长。根据有关资料,1945年以前,在过去一万年漫长的岁月里,人类社会的知识总量是以自然的序数速度发展,其中:在18－20世纪200年的工业革命时期,人类社会知识总量以机械的倍数速度发展。1945年以后,创造了人类社会知识总量的90%以上,是过去一万年人类知识总量的20－30倍,知识迅猛增长,由此,这就要求当代大学生具备获取更多知识信息的能力。

2.知识信息快速更新。随着社会的发展,知识更新周期越来越短。联合国教科文组织曾做过一项研究,得到的结论是:信息通信技术带来了人类知识更新速度的加速。在18世纪,知识更新周期为80—90年,19世纪到20世纪初,缩短为30年,20世纪六七十年代,一般学科知识更新周期为5—10年,到20世纪八九十年代,许多学科的知识更新周期缩短为5年,进入21世纪,许多学科的知识更新周期已缩短到2—3年。因此,这就要求大学生不断更新知识信息。

3.知识信息快速传递。现代信息技术的发展,加快了信息传递速度。人们在1—5分钟内可以掌握世界金融市场的行情,在1—3分钟内可以掌握世界各地出口商品的品种、规格、样式,在5分钟内可以掌握东西半球发生的重大事件,知识信息的传播几乎是以光速在传输和运行,由此,就要求大学生掌握更先进的信息技术。

(三)当前大学生信息素养现状

当代大学生在成长过程中,受到网络信息的影响较大,但网络中的信息大多数以娱乐为主,并存在许多错误信息和不良思想,这就导致了许多大学生虽然吸收了许多信息,但信息素养却呈现下降趋势。

1.大学生缺少信息意识。不少大学生在学习和生活中离不开课堂教学和对信息化媒体的依赖,而自己对于信息的辨析能力较弱,容易受到一些网络中不良信息的影响,导致了他们在信息意识上的弱点。也有一些大学生在学习上处于被动地位,没有主动学习的意识,只有在教师的要求下才去使用图书馆资源。

2.大学生对信息的收集能力较差。许多大学生没有受到正确的信息素质教育,使他们不会使用信息渠道来获取信息资源。在使用图书馆过程中,对图书馆的文献结构不了解,在检索文献信息时也不了解正确的信息收集方法。

3.大学生在信息安全意识上存在不足。一些大学生在使用图书馆过程中,对于图书馆中的珍贵文献缺乏保护意识,导致了图书馆文献出现丢失、损坏问题。同时,在使用数字化信息渠道时,一些大学生也缺乏安全意识和保密意识。一些大学生缺少版权意识,在使用各类文献时,也出现了抄袭等问题。

(四)图书馆具有提高大学生信息素养的优势

1.图书馆的文献信息资源较为丰富。目前,图书馆通过数字化馆藏建设,使传统的图书馆文献和数字化文献结合使用,为广大师生拓展了信息渠道和知识信息的丰富程度。

2.图书馆拥有专门的信息管理人员。图书馆馆员在保存、整理和使用文献信息方面具有专业性,在培养大学生的信息素养过程中,馆员也应该体现指导作用。通过馆员提供的服务,可以帮助大学生培养信息收集、分析的能力。

3.图书馆在信息平台上的优势。高职院校通过数字化图书馆的建设,能够实现网络化和智能化的信息服务。图书馆也可以通过设施建设,为师生创建进行学习和研究的空间,使图书馆成为学校中重要的信息交流平台。

(五)利用图书馆资源提高大学生信息素养的途径

第一,构建我国高校信息素养标准。信息素养标准是信息素养培养的指南,它对评价个人信息素养能力、指导高校信息素养培养实践具有宏观指导意义。

第二,加强信息素养相关课程的教学。信息素养是一种综合性教育。

第三,把信息素养的培养纳入各专业课程学习之中。信息素养是不能脱离其他学科而单独培养的。

第四,营造丰富多样的信息素养培养环境。鼓励和引导学生有效利用图书馆。

第五,开展多样化的文献信息知识讲座。培养大学生的信息意识,开展文献信息知识讲座,不仅可以帮助大学生对文献、情报、知识和信息有更深入更专业的认识,还可以指导学生通过不同的途径和方法获取与掌握更加广泛的信息,使他们更清楚地认识到信息资源对个人成长和社会发展具有的重要意义,从而不断增强个人对信息的强烈需求,提高自身的信息素养。

在信息化的社会中,任何人才都需要具备终身学习和信息开发的能力,高职院校要想培养学生的知识和技能,使其更好地适应社会,就应该以图书馆为平台,培养学生的信息素养。为此,高职院校中的各个专业都应该加强信息教育,从信息技术的掌握、知识信息的处理等方面来培养大学生的综合能力。

四、浅谈高职院校图书馆员职业道德建设

随着我国图书馆事业的不断发展,信息化和数字化成为图书馆发展的必然趋势。这要求图书馆的馆员也需要改变过去的职业习惯,培养新的技术和职业精神。在以读者为中心的图书馆服务体系中,馆员应以提高服务意识为主,加强职业道德的培养。我国目前也通过官方形式规定了图书馆馆员的职业道德准则,为图书馆的人才队伍建设提供了指导方向。自此,我国的图书馆人才应按照国家的标准来培养。人才素质也是高职院校图书馆走向现代化和信息化的关键力量,使馆员能够以更好的职业道德来为教师和读者服务。

(一)加强图书馆员职业道德建设的意义

职业道德是社会中的各类人才能够适应自己的岗位,创造职业价值的基础,是各个行业在发展过程中所建立起来的基本思想和行为准则。任何一个行业和岗位都有着相对的职业道德,同时各个行业之间也存在相同的基本道德要求。对于图书馆事业来说,馆员的职业道德需要围绕为读者服务的需求和图书文献管理的基本理念来构建。因此,图书馆馆员的基本道德准则包括:热爱图书馆事业,能够通过自己的工作来促进图书馆的发展;要以积极、热情、专业的态度来为读者服务,要让读者在图书馆中得到良好的体验,并能够掌握专业的知识信息。馆员职业道德的培养是图书馆体现人性化服务的基本保障,是使读者能够对图书馆工作产生认同的基础,并使读者更愿意在图书馆中进行学习和使用文献资源。因此,高职院校的图书馆要想体现自己的价值,就需要加强对馆员职业道德的培养,使图书馆在教师、学生中建立良好的形象。

(二)图书馆员职业道德与读者服务扫描

1.馆员缺少为事业而服务的精神。由于图书馆在社会中属于公共服务事业,其本身没有商业盈利的能力,图书馆的工作者也无法在商业社会中获得更高的地位和经济收入。部分图书馆工作人员也会受到经济的影响,对自己的职业产生迷茫。如果图书馆无法建立良好的人事管理制度,也容易让图书馆工作者失去对图书馆事业的热情,产生敷衍了事的问题。

2.馆员服务意识不强。许多图书在管理过程中,依然以馆藏文献的管理工作为主,没有构建为读者服务的管理理念。这导致许多馆员也不会关注读者在图书馆中体验到的服务情况,没有建立起服务意识。还有一些馆员也缺乏进取精神,不能提高自己的工作能力,在服务读者的过程中也缺乏良好的职业态度。

3.馆员的专业能力不足。在传统的图书馆工作中,图书馆的馆员主要是进行馆藏文献的管理,许多馆员的主要工作都是集中在整理书架、帮助读者借还和布置馆内环境等简单工作上,其专业能力存在不足。在信息社会环境下,图书馆需要在对读者的信息咨询服务上强化信息中心的功能,这需要馆员能够学习信息技术,并提高自己在专业知识上的能力,才能成为读者获取信息的导航者。

(三)提高图书馆员职业道德的主要途径

1.建立人文关怀环境。随着现代生活的不断提高,人们不仅仅追求物质生活,对精神生活的要求也越来越高。目前图书馆工作人员文化层次提高,对在自己所从事的工作享受的成就感、被社会认同感、尊重感越来越重视。因此,作为高职院校和图书馆领导,应站在馆员的角度,了解馆员的需求及个人能力,知人善任,让馆员在实际工作和生活中感受到良好的氛围。如为馆员在职培训、参加学术交流、职称晋升等方面提供方便,使馆员从心理上感觉到人格受到尊重,感觉到领导的关心与关爱,渐渐使馆员能以这份图书馆工作为荣,把自己置身于主人翁的位置。这样图书馆的整个团队精神面貌就会焕然一新,工作效率也会上一个新台阶。

2.岗位之间相互轮换。每个人的工作能力和工作经验都是在实际工作中锻炼出来的。图书馆工作是一项复杂的综合性工程,每个部门和岗位之间存在相互依赖和制约,相对独立又相互牵连,根据实际工作,一年或两年进行岗位轮换,可以不断促进馆员之间对彼此工作的了解。更重要的是,馆员在新的岗位为了尽快适应就会从各方面严格要求自己,并努力学习新的知识,从而使馆员在工作中提升自己。因此,实行岗位轮换制,是馆员提升能力和获得经验最简便最有效的途径,也是提升其其专业水准和服务意识的有利条件。

3.建立激励机制。良好的激励机制能提高人员的工作激情,是被激励者发自内心的动力,比如:情感上的激励,领导通过从思想上、工作上、生活上关怀员工,让员工从心里感受到集体的温暖;让员工真正感到图书馆就是自己的事业,自己是图书馆的参与者,而不是旁观者,从而唤起他们的使命感、荣誉感、责任感,积极主动地去完成自己工作。

五、阅读积分制在高职院校图书馆中的运用——以黄冈职业技术学院图书馆为例

高职院校图书馆主要服务对象是全体教职工及在校大学生,大学阶段是大学生即将步入社会的过渡时期,其人生观、世界观、知识素养的培养等,决定了高职院校图书馆不仅要为学生提供日常的读者文献服务,还应积极引导学生"多读书""读好书"的习惯。但自从计算机信息网络问世以来,它以其方便、快捷、内容丰富多彩、表现形式生动形象等特征极大地满足了大学生的学习、研究和娱乐。因而,很大一部分大学生远离图书馆,成为网络阅读的生力军。但网络阅读也有它负面的影响:读者不再细细品味与精读内容,而是泛泛而看,流于浅层次浏览,这样容易形成不善于独立思考的习惯,浮躁的心态和浅薄的思想。长此以往会导致大学生文化积淀不深厚、人文素养贫乏苍白、思想素质低下等状况,直接影响高校的教育质量。

黄冈职业技术学院图书馆分为文科馆和理科馆,共有文献资料120多万册。图书馆实行全开放"超市化"管理模式,读者凭"一卡通"可在整个图书馆任何书库自由借阅,采用"多处选择、一处借阅"的运行方式。图书馆拥有员工34名,其中大专、本科以上学历员工占93.9%,高中级职称人员占81.5%,是一支专业知识过硬、业务能力强的队伍。有资料显示,我国大学生上网率为94%,这一数据表明,网络已成为大学生生活的重要组成部分。为了改变大学生偏爱网络阅读、远离图书馆从而导致图书馆阅读率低的现象,图书馆应开展多种活动提高阅读率,如创办新书信息栏、举办图书漂流、世界读书日、开展导读等一系列活动。但是,这些措施和方法都具有一定的局限性和时限性,都没有从根本上解决阅读率低和进馆率低的问题,不可能成为图书馆阅读可持续发展的战略。为鼓励大学生更多更好地利用图书馆各类资源,积极参与各类阅读活动,图书馆可以大学生阅读习性,制定并推行——阅读积分制,取得了一定成效。

(一)阅读积分制含义

目前,积分制在很多领域都得以推行,如商场、电信、银行等企业,其目的是商家将顾客的消费行为量化成为积分,通过积分制来提供不同的折扣优惠;另外,通过各种"积分兑换"奖励活动,提高顾客的消费积极性和持续性,可以借鉴企业积分制管理手段,将积分制引入读者管理中,形成阅读积分制。阅读积分制就是图书馆按照一定的标准对读者在一定时期内的阅读情况或为图书馆阅读提供贡献的大小赋予一定数量的积分,读者按照积分的多少获得图书馆一定的奖励和享受一定服务的图书馆阅读管理制度。

(二)阅读积分制在黄冈职业技术学院图书馆的实践

1.制定简易可操作的激励积分制度。黄冈职业技术学院图书馆自2011年起就实行"一卡通"管理,每位教师或学生办理"一卡通"后,无论其身份、职称、职务等,系统初始积分均为100分。读者的良好阅读行为给予积分奖励,加分项目包括:借阅书籍、参加义务劳动、向图书馆提合理化建议等。读者的不良阅读行为将进行积分处罚。读者在图书借阅过程中的不良行为包括:超期还书、损坏图书、丢失图书、对图书乱涂乱画等不良行为。积分扣到0分,读者将不能借书。

2.制定阅读积分的奖励措施。读者在校期间可以通过以上途径获取积分,每借一册图书或参加一次图书馆举办的活动便获得一次积分,积分累计达到晋升下一级的资格,则晋升一级,增加一本可借册数或换取相应礼品。

3.阅读积分制在图书馆产生的效果。

第一,读者进馆率、图书流通率显著增加:自从黄冈职院图书馆推行阅读积分制后,读者和文献流通量明显增长,服务窗口劳动强度明显增加,尽管进馆读者和图书流量增加了,但从图书的管理角度上并没有增加负担。近几年来,根据黄冈职院图书馆软件统计数据显示,实行阅读积分制后,读者进馆率和借阅率得到了大幅提高。

第二,阅读积分制的实行,促进"共建"管理:与传统的图书馆阅读管理制度相比,实行阅读积分制更能体现图书馆与读者共同参与管理的作用。图书馆通过各种方法吸引读者参与图书馆管理,如设立"意见簿""投诉信箱""文明监督岗"等,同时,引入读者积分制起到了积极引导和鼓励读者参与图书馆管理的作用,还吸引大量志愿者前来为图书馆服务,自实行积分制以来,两年多时间,志愿者服务队共提供读者义工服务约4000人次,服务时间累计超过一万小时。

第三,阅读积分制的实行,提高了读者阅读素养:图书在流通过程中,有些读者不爱惜图书,经常会出现像污损图书、丢失图书、对图书乱涂乱画、不按期归还书刊资料等不良现象,以前图书馆主要采取赔款和罚款等措施,很容易让读者从内心产生反感,误以为罚款是图书馆为了增加收入的一种手段,实际上所收罚款图书馆都上交到了学校。自从实行阅读积分制以来,类似图书丢失、乱涂乱画现象得到有效改善,同时图书超期归还现象也得到有效控制,在没有实行阅读积分制前,读者超期罚款占读者总数的43%,而实行阅读积分制后读者超期罚款降到了22%。由此说明,阅读积分制的实行,很大程度上提高了读者的阅读素养。

(三)阅读积分制实行中存在的问题

虽然阅读积分制在图书馆管理中发挥了积极作用,但也存在一些问题,主要表现在以下两个方面。

1.积分指标体系不完善。随着网络技术的发展,数字图书馆已是当前图书馆发展的趋势,由此,呈现出传统图书馆与数字图书馆复合发展的特点。[①]目前,图书馆已设有电子阅览室,而现有的阅读积分制针对的只是传统书籍,对利用网络促进学习等正面行为以及网络违规等负面行为未纳入阅读积分制的体系中。

2.对低分读者限借的问题。由于逾期还书的扣分不计上限,某些读者因疏忽大意逾期还书时可能积分已被扣至0分。那么,这部分读者的借阅权限就会受到限制,0分读者必须通过增加积式才能弥补扣去的分数,恢复"一卡通"的借阅。这样就导致一部分读者选择不进图书馆。

---

①张兴旺,李晨晖. 数字图书馆大数据知识服务体系协同设计研究[J]. 图书与情报,2015(3):65-66.

（四）完善阅读积分制的措施

1.建立全面完善的阅读积分制。通过阅读积分制的实行情况来看,要想积分制在图书馆管理中能起到积极激励作用,建立全面完善的阅读积分制十分必要。进一下细化读者积分项目,尽量使读者良好行为和不良行为纳入积分体制,如:对图书馆读者利用图书馆电子资源进行学习、科研等可增加积分;在本图书馆网站或论坛里,对分享读书体会、推荐好书、解答其他读者疑问等行为也给予积分。而在减分项目上,应添加读者在图书馆的不文明行为,如抽烟、饮食、喧哗以及不良网络行为等。

2.调整低分读者借阅权。有些读者由于平时疏忽大意忘记还书,对于出现类似情况的读者,当积分趋于0分时,工作人员有义务提醒读者;在处罚上,如读者积分在一个月内还没达到借阅权,电脑系统应自动恢复读者借阅权。阅读积分制的实行不仅为图书馆的服务、管理带来了新的动力,还能调动学生的阅读兴趣,并正确引导、激励大学生利用图书馆资源。

第二章 高职院校图书馆学理论建设

第一节 高职院校图书馆的基本理念

图书馆的建设和管理理念,主要是指图书馆在发展过程中,管理者和其他馆员所坚持的思想理论内容。管理人员在维护图书馆发展的过程中,应该从管理理念和认知理念方面来树立图书馆的理念。在管理方面,主要包括图书馆对读者的服务理念,图书馆的绩效管理理念和危机管理理念等。在认知方面,管理者和馆员都应该掌握图书馆事业发展的科学理念,并了解图书馆在社会发展中的地位等。高职院校在建设图书馆的过程中,要想实现现代化和信息化的发展,应该组织管理人员学习以下方面的几种理念。

一、平等服务理念

高职院校图书馆的主要任务是服务广大的教职员工和学生,能够在学校的教学和科研活动中提供基本的知识信息支持。在对学校的读者服务时,还需要坚持平等服务的理念,这要求馆员能够平等地对待任何教师、职工和学生,在服务中不产生任何歧视性的行为。

(一)无身份歧视原则

现代公共图书馆的建设宗旨就是要按照平等的理念服务每一位来访者,并且要通过图书馆的开放,让社会当中的任何人都能够拥有使用图书馆资源的权利。平等服务的核心在于坚持无歧视原则,即图书馆不应按照读者的年龄、性别、种族、学历和收入等进行区别对待。国际的图书馆宣言中指出,图书馆要为全社会提供基础的公共文化服务,在服务过程中,要不分差别地向所在地区的居民提供文化信息资源。

印度图书馆学家阮冈纳赞(S.R.Ranganathan.1892—1972年)可以说是"图书馆平等服务论"的最极力倡导者。他的名著《图书馆学五定律》中有一段"图书馆合唱曲",如下。

图书馆大门向一切人敞开,

决不能让我们的图书

被少数受优惠者——

饱学之士所垄断,

我们的图书

人人可借,人人可看。

在现代社会的发展过程中,人人平等的理念已经深入人心,尤其是在公共事务的发展方面,任何国家和政府都需要促进社会的平等与公平。图书馆作为一种基础的公共文化设施,要成为社会公共服务的一部分,其基本的运作理念就是给人们带来平等使用图书馆的机会。在平等的基础上,读者才能对图书馆产生信任和尊重。任何歧视性的理念和行为都会严重破坏图书馆的形象,导致图书馆失去存在价值。

(二)关爱弱势群体原则

现代社会在发展过程中,在推进社会公平的过程中,最重要的就是能够形成对弱势群体的关爱和照顾。对于图书馆来说,在向读者提供文化信息服务时,还要关注弱势群体的需求,为他们提供特殊的照顾,体现人道主义精神。在国际图书馆的宣言中,坚持人人平等的原则,也需要图书馆能够关注弱势群体,并为特殊人群使用图书馆推行相关的政策。

欧洲国家在文艺复兴和启蒙运动之后,公共图书馆理论也得到进一步发展,一些学者指出图书馆需要改变贵族阶级的垄断局面,要向社会中的所有人员提供服务。图书馆在建立馆藏资源时,需要收集各个方面的图书文献,对于各种思想意识形态的文献都不应产生歧视。这些理论在早期成为图书馆建立平等原则的基础。

在现代图书馆的发展过程中,图书馆的基本理念在于能够对所有人提供文献服务,要加强对弱势群体的照顾。其中包括身体上出现残疾、文化上处于弱势的人群都应该平等地享受图书馆服务。随着信息技术的发展,国际社会在建设数字图书馆和网络图书馆的过程中,也要保持对弱势群体的关爱。在互联网向全世界普及的过程中,图书馆也需要无障碍地融入互联网,从而让图书馆的服务范围得到拓展。图书馆要随着互联网的发展体现更加平等的特点,在互联网世界中,图书馆信息的传播应该不受任何阻碍。

1999年,在全世界即将进入新的千禧年之际,图书馆界也进一步探讨了信息化对于图书馆事业的发展。其中重点讨论了图书馆对于信息富有者和贫穷者所提供的平等服务。在国际定义中,信息时代的信息贫穷者应该是重点考虑的群体,尤其是发达国家与发展中国家在经济实力上的差距,导致了信息贫穷者难以获得更多的图书馆信息资源。国际图书馆界提出了以下建议:一是在一些不发达国家,教育的普及率还没有完全实现,许多国家还存在大量的文盲,这会导致信息贫穷者难以掌握新的知识信息。欠发达国家的图书馆应该更关注教育事业,在社会识字率普及方面做出贡献。二是在信息社会中,信息是影响个人和国家发展的重要资源,图书馆应该促进信息资源在社会各类群体中的共享。三是公共图书馆要成为国家公共文化事业的组成部分,加强图书馆向贫困地区的普及。四是运用信息化手段,加强图书馆文献信息的数字化传播,实现各地区图书馆在互联网体系中的共享;五是加强发达国家与发展中国家在图书馆事业方面的合作,加强不同国家图书馆信息的共享和交流,借助国际社会的力量带动发展中国家图书馆事业的发展。

国际图书馆行业目前已经成立了对弱势群体服务的专业小组,主要是针对图书馆中的特殊读者群体开展图书信息服务,运用技术手段和服务质量的改善,保障弱势群体能够平等地使用图书馆资源。目前,这一小组主要关注了服刑人员的图书馆服务;盲人群体的图书馆服务;聋哑群体的图书馆服务等活动,在关注弱势群体方面做出了杰出的贡献,为各个国家的图书馆向弱势群体的服务提供了理念、技术和经验。

二、知识自由理念

美国图书馆协会(ALA)在研究图书馆的发展理论过程中,提出了知识自由的概念。知识自由的基本定义为,任何人都有自由接受各类知识信息的权利,并且不应受到其他方面的限制。图书馆在知识自由方面应该体现重要的作用,通过对公众提供免费的图书信息服务,能够满足人们获取知识信息的需求。知识的自由还包括几个层面的含义,即人们应当拥有保留知识,传播知识和接收知识的自由。ALA关于知识自由的集团性确认,集中体现在其于1939年制定并于1948年、1961年、1967年、1996年修订的《图书馆权利宣言》(*The Library Bill of Right*)。也就是说,AIA的《图书馆权利宣言》实际上是知识自由宣言。

美国图书馆协会在将知识自由变为图书馆事业发展的基本理念之后,也受到了国际社会的认可,许多国家也将知识自由当作本国图书馆发展的重要理念。其中,日本图书馆界也提出了自己的自由声明,为本国的公共图书馆制定了相关的支持政策。目前,国际社会所认可的图书馆知识自由理念的主要内涵包括:一是图书馆要成为保护知识传播和维护人们享有知识权利的重要平台;二是图书馆有责任向全社会传播知识信息,并且能够收集社会上所出产的新信息,成为知识的保存平台;三是图书馆要自由地开展对读者的服务,不应受到政治、文化等环境的影响;四是图书馆应享受对知识的收集、整理权利。

图书馆的知识自由:一方面是指图书馆作为公共机构享受保存和分享知识的权利;另一方面是指图书馆应该自觉维护读者的基本权利,能够为其提供更好的信息服务,并且维护读者自主选择和信息隐私的权利。

(一)用户自主选择原则

读者在获取图书馆中的知识信息时,具有完全的自主权,不应受到图书馆管理人员的影响。自由的基本概念在于一个人的行为不会受到其他人和外部环境的影响。

图书馆所提供的知识信息服务,需要让读者拥有自己的自主选择权,让读者能够按照个人的喜好、需求等选择不同的图书文献。图书馆的职责是为读者的选择提供方便,而不能以管理的名义限制他们使用图书馆中的开放资源。从这个角度来说,图书馆可以对读者筛选图书馆信息提供指导,但是不能代替读者的自主性。其中的主要区别在于,图书馆的馆员不应对图书文献的价值做出判断,强制读者选择不同的文献资源。例如,馆员对一些文献做出好或者坏的判断,就会影响读者的自主选择权,会给读者带来错误的价值判断。而馆员可以对图书文献做出分类和整理,针对某些重要的图书文献进行宣传,这就属于一种正常的导读服务。

另外,人们也需要注意到,公共图书馆或是学校的图书馆都承担着社会教育的职责,图书馆的工作人员也应该对读者筛选文献信息,让读者具有更好的信息选择能力,从而提高图书馆文献的利用率。这就说明,图书馆馆员也应该承担一部分的知识教育和传播的功能。这使得图书馆看起来与读者的自主选择权产生了矛盾。一些学者认为,图书馆为读者提供的服务应该不包含任何选择的部分,读者在使用图书馆文献方面具有完全的自主选择权,馆员只需要为其提供方便即可。在这种理念下,图书馆不能代替读者对文献做出判断,不能担任教育和指导的职责。如果馆员的权利过大,也有可能造成读者对知识信息做出错误判断。但一些主张教育论的学者认为,图书馆需要对那些信息素养不足的人群负责,在服务过程中承担一部分的教育功能,将读者最需要的知识信息传播给读者。例如,在高职院校的图书馆服务过程中,当学生对图书文献的价值难以做出判断时,图书馆应该对学生提供必要的指导。

"自主选择论"者与"社会教育论"者的相冲突的观点,代表了图书馆价值判断中的自由主义和道德主义两种不同声音。这两种不同声音之间的较量,将会长期进行下去。在这一问题上,美国学者盖尔斯顿的一段话也许能给我们以某种启示:"最困难的政治选择不是在善与恶之间做出选择,而是在善与善之间做出选择""没有一个善或价值……在任何情况下都是高于一切的。……在那些必须做出决定的环境中,把决定的优先权给迫切者而不是高贵者可能更合理"。知识自由和教育教化对我国图书馆来说也许都属于"高贵者",那么,其中是否有一个相对来说是更"迫切者"呢?

(二)保守用户秘密原则

读者在使用图书馆的过程中,一般都需要使用自己的个人信息,如身份证、网络账户、联系方式等,同时还会留存下来在图书馆中的文献使用记录和访问记录等。这些信息都属于读者个人的重要信息,是读者留下的用户秘密。图书馆在服务读者的过程中,有责任为读者保护这些秘密,重点是保护居民的隐私权。图书要保障这些用户的信息不外露,不会被使用在其他的商业活动当中。在传统的图书馆管理模式中,读者所留下的个人信息一般会被记录在图书馆内部管理系统当中,不容易向外流通。但随着数字图书馆的发展,许多读者使用互联网在访问图书馆的数据库时,则必然会在公共的网络空间内留下个人信息,其中包括数字化ID、网络地址、网页浏览记录等。这些数字化信息在保密方面有着较大的难度,需要图书馆能够加强网络安全管理,运用防火墙和安全保护措施来为读者保密,避免图书馆的数据库遭受外部的攻击。

图书馆需要接触大量的读者,就有责任保护公民的基本隐私权。法律也要对图书馆等公共场所的信息保密提供支持。在信息社会中,公民的信息安全已经成为一个重要问题,网络的便利性给许多人的生产生活带来方便,但也容易造成很多隐私泄露问题。当前的社会需要尊重个人的合法权益,每个人的隐私信息的保护,是确保基本人权的重要因素。如果个人隐私信息被滥用,则必然让整个社会的基本权益和基本法律遭受挑战。图书馆在信息传播的过程中,需要在维护个人隐私方面做出贡献,从而在根本上确保每个人在使用图书馆资源方面是公平、自由的。

三、信息公平理念

从社会发展的视角来看,在现代社会逐渐走向人权和平等的过程中,也需要维护信息的公平。这种公平性要与信息技术的发展过程联系在一起,让每个人都有平等地接受和分享知识信息的机会,使公共机构和个人在生产、传播信息过程中不受到限制。在信息社会的进步过程中,信息作为一种重要社会资源,其在社会中的使用、生产和传播都应该是逐渐开放的,而需要打破信息的垄断状态。但在市场经济模式下,许多个人、组织和市场主体都会加强对信息资源的占有,从而掌握对信息的控制权和分配权,这就造成了信息在个人、地区和国家之间传播的不平等状态。而图书馆等公共机构的发展,就是要打破信息的不公平,确保信息能够在任何群体进行无差别的使用和传播。图书馆要打破信息富裕者对于信息的垄断,促进信息向信息贫困者扩展和传播。

当信息成为一种重要的社会资源时,信息的公平就成为个人基本权利的一部分,要确保信息在每个人面前都实现平等。要想实现信息的公平,就需要在社会各界的努力下,以教育机构和文化机构为主体,进一步消除信息传播的障碍,保障每个人在信息面前的基本权益。对于图书馆来说,实现信息公平应体现在以下几个方面。

(一)平等服务:消除身份障碍

图书馆要想实现信息的公平,就需要以平等的理念服务于每一个来访者,不应产生身份上的区别对待,使信息使用者在身份上的障碍得到清除。因此,图书馆在提供服务的过程中,要遵守每个人使用图书馆的权利,不设置任何身份上的障碍,例如,不应在年龄、收入、种族、信仰、社会地位等对读者加以区分。同时,图书馆还应该加强对弱势群体的帮助和指导,使他们能够更好地使用图书馆资源。

(二)免费服务:消除经济障碍

在商业社会中,信息不公平问题产生的一大原因就是许多人在信息消费方面处于劣势,导致他们无法承担获取信息的成本。由于信息成为一种资源或商品被企业所掌握,就会导致一部分人难以接触到有价值的信息。公共图书馆属于一种非营利性的文化机构,就是要改变信息消费的模式,始终为读者提供免费的服务,从而打破人们在经济上的障碍。美国的图书馆政策指出,图书馆在提供信息时必须要提供免费的服务;图书馆也需要打破读者在消费能力上的差距,使其可以自由地获取图书馆信息资源。日本的图书馆法律也规定:日本的公共图书馆不允许在入馆和文献资料提供方面收取费用。在现代国家,公共图书馆的主要运营成本都需要由政府来提供支持,图书馆可以吸收政府的财政拨款,并吸收社会中的无偿捐赠来获取资源,同时在面向公众服务时,要将信息资源免费地提供给读者。在商业社会中,打破读者经济上的障碍是确保信息公平的最佳途径。

(三)普遍服务:消除距离障碍

通常来说,图书馆在被规划建设过程中,就需要考虑其覆盖范围,尽可能地让图书馆能够对更对的居民提供服务,从而减少读者在使用图书馆信息资源方面的距离障碍。在图书馆的服务范围内,每个人都有公平使用图书馆的权利,而图书馆则要向全社会开放,避免出现只有一部分能够使用图书馆的情况。但图书馆在地理空间上也难免会产生距离上的障碍,例如,许多图书馆都集中在城市当中,而对于边缘的乡村地区居民则很难使用到图书馆的资源。这种距离上的障碍,在客观上造成居民在信息上的不公平。要想消除这种空间上的障碍,就需要政府能够加强基础设施投入,更多地建立社区图书馆、农村图书馆等,实现公共资源配置上的均等化。另外,随着网络技术的发展,数字化图书馆的建设能够有效突破图书馆在时空上的障碍,让远距离的读者能够利用网络渠道来使用图书馆。

四、民主政治理念

联合国教科文组织在成立之后不久,就公布了图书馆宣言,将公共图书当作是现代社会中的必然产物。世界上的民主国家都按照民主政治的理念来建设和管理图书馆,使图书馆能够成为维护社会民主、自由和公平的重要标志。

现代社会的民主原则之所以成为图书馆的管理理论,表明了图书馆在社会中的重要地位。二者的具体关系主要包括:一是民主主义的基本宗旨就是要保障人的基本权益,让人们能够以平等的地位参与到政治和社会生活当中,其中就包括每个公民都具有享有信息权利和受教育权利。这要求现代化的国家都要进行公共教育、文化设施的建设,而图书馆同其他的文化教育机构一样,在保障公民基本权益方面发挥重要作用。二是在民主社会中,公民只有接受现代化的教育,形成较高的知识、文化和政治素养,才能具有参与民主政治的能力。这就需要图书馆能够体现知识传播和社会教育的作用,使公民能够平等地享有信息权利。其中,图书馆同社会中的学校一样,都可以成为公民教育的机构,充分地满足公民在成长过程中的需求,为社会培养出高素质的公民。

公民受教育的权利是促进社会民主政治健康发展的必要条件,受教育权也不应受到经济、文化等环境的影响,图书馆为公民提供免费的、公平的服务,能够更好地保障人的受教育权利。在信息化社会中,公民实现个人的发展,除了要接受学校教育之外,还需要运用图书馆等公共设施进行自主学习,从而养成终身学习的能力。公民个体在获取知识信息资源等方面的能力是有限的,并且受到其身份、地位和收入的影响,会产生不均等性,导致人们受教育的权益产生了差异。而图书馆能够帮助整个社会进行信息资源的收集和加工,将有价值的信息资源平等地分享给每个公民,从而为社会构建了平等教育的基础。图书馆的这些信息传播和教育功能是在政府的支持下进行的,也是法律和道德赋予图书馆的必然职责,当公民能够在图书馆享有信息资源时,就体现了现代社会中的民主政治特征。

图书馆在国家与公民之间构建了良好的沟通桥梁,确保了公民能够在现代社会中不受限制地使用人类历史上所产生的知识、信息和文化成果。因此,图书馆的民主性建立了公民权利与政治之间的关系。公民要想深入地参与民主政治,需要他们能够具有较高的政治素养,而形成这些素养的关键在于他们能够接受教育,拥有信息的自由权。这也被许多人解释为构建全民民主的必要条件。一些学者认为,如果国家要推行广泛的民主制度,就需要将社会和国家的信息传播给国家的公民。

在现代社会中,公民获取信息的主要途径是接受教育或是进行自主学习,这样才能确保他们能够深入地理解世界与国家,形成科学的世界观与价值观。美国开国总统华盛顿有过精彩论述:"在任何国家,知识都是公众幸福的最可靠的基础。在我们这样的国家中,社会舆论可以直接对政府的措施做出反应。因为,有相应的知识水平是必不可少的。知识可以多种方式来维护自己宪法:它可以使那些受委托担任政府职务的人懂得,政府的每一重要目的都会得到民众通情达理的信任;它可以使民众理解并珍视他们的权利使他们能预见到并预防这些权利可能遭受侵犯;使他们懂得什么是压迫,什么是必须行使的合法权威;使他们懂得,什么是由于不顾他们的困难而加给他们的负担,什么是不可避免的社会需要带来的负担;使他们分清什么是自由精神;什么是无法无天;使他们懂得珍视前者,避免后者,联合起来,尊重法律的不可违犯性;并保持警惕,防止人们犯法。"显然,图书馆是为使人们"有相应的知识水平"而提供信息与知识服务的一种制度安排,这种使人们"有相应的知识水平",进而"维护自己宪法"的过程,实际上起到了民主教育的作用,由此产生了"公共图书馆—民主教育—民主政治"序列。

五、社会包容理念

社会包容与社会排斥相对立。"社会包容"概念含义可以从"社会排斥"概念含义中得到反向意义上的证明,因为这两个概念之间是"这一个正好是那一个的负数"(维纳语)的关系。也就是说,社会包容与社会排斥之间正好是相互对立的概念,从其中一个概念可以反向映射另一个概念。

英国"社会排斥办公室"将社会排斥定义为:"某些人或地区受到的诸如失业、技能缺乏、收入低下、住房困难、罪案高发的环境、丧失健康以及家庭破裂等交织在一起的综合性问题时所发生的现象。"我国有学者认为:社会排斥是指某些个人、家庭或社群缺乏机会参与一些社会普遍认同的社会活动,而被边缘化或隔离的系统性过程。由此可以认为,社会包容是指社会的制度体系对具有不同社会特征的社会成员及其所表现的各种社会行为不加排斥的宽容对待状态。这里的"社会特征"既可以是出身、地位,也可以是民族和性别等特征;"社会行为"既可以是言论、习惯、习俗、行为方式,也可以包括信仰、主张、观点等"内心行为"。减少社会排斥,宽容异己或他者,以此保证社会和谐,是社会包容的出发点和归宿所在。

在图书馆服务和管理中,为了体现社会包容精神,必须保证避免以下几种排斥。

(一)政治排斥

图书馆要想形成在社会中的包容性,就需要消除政治排斥的因素:一是图书馆在构建馆藏文献时,不要受到图书文献本身的意识形态、文化形态等方面的影响,要能够脱离政治、文化因素而广泛地收集信息资源。国际上的图书馆基本立场是:不因文献作者本身的问题而影响文献的收集;不因历史和当前中的各类文献差异而进行删除或排斥。二是图书馆在开放过程中,不排斥任何的读者。图书馆要以平等的态度对待每个读者,为其提供公平的信息服务。任何图书馆都不能因为读者的政治立场、种族、年龄而做出限制。因此,图书馆在形成包容性的过程中,就需要坚持贯彻平等原则,坚决抵制歧视行为,为所有的读者构建基本的信息获取条件。

(二)人格排斥

从一般意义上说,人格包括人的知、情、意三方面的属性。尊重人格是人格排斥的对立面。每个人都有自己的人格尊严,每个人都有维护自己人格尊严的权利,此即人权——人格权。人格权,既包括名誉权、隐私权等内容,又包括尊重人的价值、尊重人的差异(包括民族或者种族差异、性别差异、年龄差异、个性差异和观念差异,还包括尊重人的意志自由、性格、兴趣、爱好、习惯的权利)。尊重人格权,就是避免人格排斥的基本表现。在图书馆服务中,尊重人格权,主要表现为两方面:一是尊重利用者的内心自由,主要指尊重利用者的隐私权。对此,日本图书馆协会的立场是"图书馆为利用者保守秘密",IFLA的立场是"图书馆读者拥有隐私权和匿名权。图书馆员和其他工作人员不得泄露读者身份以及提供给第三方的资料"。二是尊重利用者的种姓差别和个性差异,不得以利用者的民族、种族、性别、年龄差别以及身体、语言、兴趣、爱好、习惯、着装、相貌等差异作为某种服务提供与否及其程度的标准。尤其要注意尊重老年人、妇女、儿童、残障人士等弱势人群的人格尊严。

(三)设施排斥

图书馆中的设施建设一方面是要更好地保存各种类型的图书文献,另一方面是要为读者使用图书馆提供便利。图书馆在建设过程中,不应因为设施建设的不足而产生对读者的排斥问题。同时,要按照对弱势群体提供保护的原则,通过特殊设施的建设保障他们使用图书馆的权利:一是在图书馆位置规划中,要尽量靠近居民的集聚区,减少读者距离上的限制。例如,在学校内部应该建设图书馆,确保图书馆能够对教师和学生服务。二是图书馆要针对弱势群体使用图书馆的需求,为其建设特殊的设施。例如,针对残障人士建立的特殊通道、轮椅停放设施;针对盲人建立盲文文献和有声文献;针对儿童读者建设儿童阅览室和书架等等。三是图书馆在设施建设中要体现舒适、便利的特征,既要为读者提供方便,还要创造安静、有文化氛围的内部环境。例如,针对读者的阅读,图书馆要注意阅览室的采光问题,要配备齐全的学习和办公用品。四是图书馆是人群集聚的公共场所,因此,图书馆在消防安全、人身安全等方面要提高标准,需要具有完善的安全保障措施。读者在访问图书馆时,他们对于图书馆设施的身体感受和心理感受都会影响读者对于图书馆的信任度,从而产生设施排斥的问题。随着社会的发展,政府对图书馆的投入逐渐增大,这使得公共图书馆的设施也走向了现代化和信息化的道路,这有利于进一步消除设施排斥的问题。

(四)制度排斥

制度排斥主要是指社会在图书馆事业的发展过程中,是否因为相关政策和法律的缺陷而导致居民使用图书馆的权益受到限制。同时也包括图书馆的管理和服务制度对部分读者产生的限制作用。一旦居民使用图书馆的权益无法得到保障,就产生了制度排斥的问题。例如:许多图书馆在获得一些较为珍贵的文献资料时,却不愿意为其编制更多的副本,使这些文献向社会共享,就构成了制度上的垄断行为;有些图书馆在管理文献过程中,对读者设立了罚款等诸多限制,导致了许多读者不敢借阅图书文献;还有一些图书馆对于信息贫困者的照顾不足,以至于他们不会使用图书馆的信息化设施,也构成了制度排斥问题。

第二节 高职院校图书馆学理论与实际探讨

一、研究背景

在现代社会中,图书馆学科的理论研究已经形成了丰硕的成果,但对于图书馆在发展过程中将理论与实际相联系,用科学理论指导实践,依然存在很大的矛盾性。许多图书馆的理论研究,在实践过程中存在很多不足,导致了图书馆的理论研究无法适应时代的发展,也不能对图书馆的发展提供有效的指导。许多图书馆学界的理论专家认为,图书馆的理论研究要形成基础理论、应用理论和实用技术等层次,使理论的发展能够围绕实践来进行。针对图书馆学界理论脱离实践的问题,许多人也认为图书馆对于理论的学习和理解不够到位,没有找到图书馆发展的准确目标,进而让图书馆的实践也脱离了理论的指导,形成了实践上的盲目性。

针对图书馆的理论和实践的联合问题,我们还需要对其加强研究,在理论研究中要重点加强对图书馆的认知研究,要善于发现图书馆实践中的问题,能够结合问题开展理论方面的研究。在我国的理论研究中,关于图书馆的应用范围、图书馆的各方面工作需要加强进一步的认知。我国图书馆事业的发展也缺少理论的指导,许多理论都是直接从国外的理论中提取出来的,因此存在较多的理论与实践不符的问题。在图书馆的发展过程中,这一问题甚至已成为图书馆学研究,特别是图书馆学的基础理论研究难以逾越的理论障碍。故研究理论与实践(实际)关系、判断两者现状有着重要意义。学者认为,理论与实际(实践)总有一种天然的联系,理论关注实际、联系实际是它的天职,离开实际来谈论理论,无论理论多么精妙绝伦,也是无意义的。凡能指导实践的理论,必然经得起实践考验。反之,则是不完善的或伪理论。

二、理论内涵

图书馆的理论体系不仅仅只研究图书馆本身的问题,也需要从教育、管理、哲学等方面建立理论体系。因此,图书馆学科可以看成一门管理学科,也可以看成社会学科的一部分。图书馆在发展过程中,需要研究的问题也较为复杂,其中包括对社会文化的研究、对信息学的研究和对人的研究,并且要树立图书馆与人、与社会之间的关系问题。由此可见,图书馆科学是一门跨学科的知识体系。

图书馆管理理论的形成,就是要对图书馆及图书馆的服务对象进行解释和分析。例如,图书馆在发展过程中,必然会产生信息不均衡问题,要想研究这个问题,就需要分析社会经济发展与图书馆事业之间的关系。为了解决这些问题,就需要研究信息不均衡所产生的社会文化背景,从各个角度来提出解决的办法。

图书馆的理论必然包含一系列的概念和原理,从而构成了图书馆学科的基本理论体系。[①]图书馆的理论体系能够帮助人们认识图书馆的本质,明确图书馆工作中的基本原理。同时,图书馆的理论也是人们思想、认知和价值体系的一部分。人们通过对图书馆的理论学习,能够形成对图书馆工作的价

①马洪正.中国近代社会教育理论的辨析与界定[J].中国成人教育,2020(10):5.

值认可,思维方式成为图书馆事业服务的能力,从而发展成为图书馆行业的人才。在图书馆理论发展中,最被人们所认可的一种思想价值观就是"图书馆学五定律",它从理论上明确了图书馆、书籍和读者之间的关系,因而形成了图书馆的基本认知论。但许多馆员在学习和工作的过程中,对于五定律的认识也存在片面性,没有将其应用到实际的图书馆工作上,这就造成了理论与实践上的错位。因此,图书理论的发展,不仅需要理论自身的完善,而且需要图书馆的工作人员能够在实践活动中去落实这些理论。有很多图书馆的工作人员没有接受过系统的理论教育,但凭借技能培训和实践经验的积累,也能参与图书馆管理和服务工作,这也造成了他们对于理论的实践性产生了误解。

理论的形成,要体现人的认识与客观现实产生统一性,在理论的指导下,人们需要提高自己的主观认识,并且能够按照理解去了解客观世界,并通过自己的反思来提高自己。图书馆的理论研究也需要具体分析现实中存在的图书馆,并且要建立起理论中抽象化的图书馆概念,让人们能够对图书馆产生更高的认知。通常来说,一般的科学理论都是人们通过对于实践和现实的总结和归类,并运用自己的思维抽象出来的知识成果。现实与理论存在一定的差异,人们在实践中所积累的经验和表面认知都不能成为理论的成果。理论与现实的统一性,主要是指二者之间存在一定的距离,但又不能导致二者完全脱离,这样才能确保理论的科学性。正因理论与现实存在差异和距离,所以理论和现实的实践也会存在许多矛盾。在图书馆的理论体系中,人们需要通过理论研究,对图书馆的功能、目的等做出研究,从而在思维层面构建一个理想化的图书馆。但图书馆在现实的发展过程中,总会受制于客观的环境,导致人们学习的理论知识无法应用到图书馆的实际工作当中。

有学者阐述的某些人的错误观点,明显是对理论的误解,如对图书馆学理论研究(特别是基础理论研究),认为只是学院教授们的责任,与基层工作者无关。实际上,只要从事图书馆职业,每一个人都有研究图书馆学理论及把理论应用于实践的责任,基层工作者也不例外。因为要从事好这一职业,需要认识、理解它是什么,如何从事好,而这些属于理论研究的重要内容。基层工作者承担这一责任不但可行,而且有一批这样的代表,如马恒通在图书馆学基础研究、科学哲学研究方面都做出了很大成绩。

理论解决现实问题,不是对具体问题给出具体答案,而只是提供一种解决方法、思维方式、方向、原则。那种把理论的现实性理解为解决具体问题的想法和做法,割裂了理想性和现实性的关系,是庸俗的。在网络环境下,阮氏五定律向我们提供了维护读者权利、整体思维、图书馆是动态发展的方法,若硬套用五定律解决今天图书馆具体工作中存在的问题,可能会产生错误;不能把理论的超越性理解为理论在先。理论原本来自实际,是事实的抽象概括与总结,但若认为理论在先,理论成了现在的不容置疑的规定,然后再照着这个理论去解释实际。于是理论不再是研究的目的与结果,相反倒成了研究的起点。在尚未进入实际的研究之前,就先有了某种理论,这就会产生理论研究中的本本主义;不能把理论作为维护他们利益的工具,若不符合小团体的利益,就说成理论脱离实际,"不联系实际"或"不懂国情"。

三、中国图书馆学实际内涵

(一)中国图书馆实际

中国图书馆具体实际(以下简称实际)是一个内涵丰富的概念,它是含特定时代中国图书馆历史、现实和未来发展趋势的总和,是对特定时代中国社会的政治、经济、文化等发展状况及其影响因素的总概括。实际形式上包括:①中国社会的当前实际。②图书馆存在与发展的实际(包括影响图书馆发展的外部因素和图书馆本身的实际),也包括组织机构、个人的历史和工作的实际,每位所想的、做的都是实际。③图书馆学研究的实际,包括学科发展实际和研究实际。学科发展实际朝着中西文化交融、自然科学与相互渗透、人文与科学结合方向发展。

可见,ITP具有多样性。实际内容包括:①图书馆学研究所把握的实际不是价值中立的既成"事实",而是寄托和凝聚了图书馆学家的价值关怀与理想的"真实";不是对现存状态的消极肯定与默认,而是通过对现存状态的否定和批判所实现的一种新的生存境界的澄清;对实际的关注不是为解决某个具体问题提供某种现成的技术性和工具性的策略与方法,而是要通过反思,为理解图书馆生存状态提供一种思维方式、价值理想和境界,促进图书馆和谐发展。因此,图书馆学对实际研究应具有不崇拜他人的批判精神、实事求是的超越精神。这种批判和超越精神是实际最重要的方面。②当前实际、中国文化传统或图书馆文化传统是一个时空概念,有时间和空间两方面的规定性。今天中国图书馆学是历史的发展,不应当割断历史,继承这一份珍贵的遗产,建立和研究国内图书馆界著名学者的"思想库"是这一内容的重要形式。作为一种时间性的存在,中国图书馆的当前实际不仅传承和积淀自己的历史文化传统,而且包蕴未来发展的种种可能与趋势;而作为一种空间性的存在,当前实际与当前世界图书馆界处于一种复杂的关系之中,它既以当前世界图书馆界作为自己存在和发展的外部环境,又是世界图书馆界一个不可分割的组成部分。空间不只是一个地域概念,还包括理论(包括中外图书馆学理论)、文化传统的影响范围。实际之所以包括未来是因为实际既具有"当下""现存"的性质,还蕴含着"理想"规定。图书馆学确立基于历史活动条件下反思的视域,又要破除主观意识,确立历史地分析问题的维度。既包含对现存图书馆或图书馆学研究肯定的理解,同时包含对它们否定的理解(必然发展的理解)。这意味着它们是在历史活动中不断生成的,同时又是在历史实践活动中不断向着未来发展的。

(二)图书馆学研究实际

中国图书馆学研究实际中的问题可概括为五个方面:①理论研究上,缺乏对一流经典深入研究,对各种学派学说、代表人物的思想研究不多,即使有也仅限于图书馆本学科范围内,"自己讲""讲自己",没有分析为什么会产生这些理论,这些理论对实践产生怎样的作用等问题;社会发展与图书馆关系、中国图书馆学与西方图书馆学融合度等研究不够,与西方发达国家的图书馆学研究水平相比我国较低,表现在简单移植国外图书馆学的研究方法或结论、研究规范不够、理论体系不完整、自觉意识不够、有些方面研究不足(观念、制度、服务、服务质量评价、读者行为)甚至空白(馆员的胜任能力、读者忠诚度)。鉴于此,范并思提出了研究观念而非概念,研究制度而非机构的呼吁。②理论工作者、基层工作者关注的重点不同,前者以关注图书馆在社会实际中的处境为价值导向;后者以关注理论要能够直接解决图书馆具体实际问题为价值导向。前者研究成果影响着后者的可操作性,而后者的经验和技能得不到有效的检验与吸收采纳;前者缺乏理解图书馆实践的基础,而后者因学习时间较少,缺乏足够动力去寻找实践相应的学术观点。学者注意到基层馆员较少关心图书情报类期刊中的理论文章。这样难免产生理论与实践的隔阂,解决隔阂的关键(选择何种价值取向)是由图书馆学研究的本质属性决定的。这种不同解读使前者把后者进行的图书馆学研究仅仅看作"工作总结";反之,后者看前者取得的图书馆学成果是没有用的"理论空话"。由于实际内涵极为丰富,故认识实际是困难的,到目前为止,我们对中国图书馆或图书馆学研究的现状并不完全清楚,这为图书馆决策和研究带来了不利。③研究边缘化(这不是图书馆学被社会所抛弃,而是自我放逐,凸显出实际和理论自身的危机)、功利化、利益化。④移植国外较多,而我国走出世界很少,造成这一现象的原因主要是西方化和唯学科化。⑤大量的重复研究,创新性、原创性研究成果较少。

四、理论联系实际内涵

理论与实践是一种本然统一的联系。从解释学上看,理论将依照图书馆本质,在实践领域而不仅仅是作为认识去回答"图书馆究竟是什么?"这种回答不是仅仅以概念做出表述,而是以实践自身为目的,在践行中得以显现,因此而体现一种基于实践层面的图书馆学理论与实践的本然统一。理论与实践分离,根源不是在于它们之间的距离,而是在于没有意识到它们在本质上的本然统一,理论要始终保持它应有的实践品格,让实践完整地表达自身,而不应是对实践的抽象反映,实践也不是理论的机械应用。根据理论原始文本,理论与实践都是参与的关系,理论总是表现在具体的实践中,在参与的人与人之间实现着自身。故图书馆学理论既是理论,也是实践;理论不仅认识到什么,更是实现着什么;理论不仅得到一个概念的认识,还是一个对其不断的实现过程。理论和实践就在参与和实现中表现出本然的统一,理论正是在这种参与和实现中获得其合理性与有效性。理论与实践的统一首先表现为图书馆存在论,然后才是认识论。从存在论来看,两者一致在深层次上不只是我们一种主观努力的目标,而是一种客观存在状态。即理论是对实践的表达和反映。

理论与实践不是一一对应的关系。相对于任何一种理论来说,理论是一,实践是多,一种理论可以对多个实践有效。我们可以利用图书馆核心价值理论指导图书馆管理中的服务实践,也可以指导图书馆发展战略;反之,相对于一个实践来说,实践是一,理论是多,一种实践必定牵涉多种理论。如采访实践要涉及读者行为理论、读者需求理论、信息资源价值、系统论等多个理论。理论和实践的一多关系是双向交织的一多关系,而不是单一理论主宰一切实践的关系。理论与实践不一一对应是我们容易出错的原因。现实中,人们往往把两者关系理解简单化,认为它们之间是一一对应关系。在理论研究时,总是要分为几个要素进行研究(这种研究方法是必要的),这容易把各种因素孤立起来,我们从"图书馆是什么?"不能推出"图书馆应该怎么样?"但现实实践却不是这样的,图书馆就应该担负起传承人类文明的责任,现实是价值判断和事实判断的统一体,是一个综合概念,故当图书馆学实践涉及法学、哲学、经济学、社会学、语言学等多个学科时,理论思维就显得不够用了。这时,理论对实践的反映就不可能完全正确。理论不能正确指导实践,大多数原因是出在理论创建初期的思维上。这并不是否定理论的重要性,而是说需要调整我们研究者的理论思维。

理论与实践的关系是极为复杂的:①理论与实践之间的联系往往不是直接的,理论应用于实践,需要经过一系列的中间环节。基本过程是理论—理论观念—认识—实践观念—认识—实践。理论观念不能直接指导实践,实践观念(包括理论观念、人们需要的目的、愿望等)才能直接指导实践。前者追求对象"本来如此",后者追求对象"应该如此"。前者的目标是认识真理,后者是直接指导实践。②图书馆学重要的理论基础(如波普尔的"世界3"理论),作为图书馆学、情报学的基石,是绝对不可或缺的,对于我们研究图书馆知识管理学或知识管理实践有直接的指导意义,但它与读者权利、图书馆核心价值等方面的实践却是非常间接的、不明显的,有时只是纯粹逻辑上的设定,可能永远也不会在实践中加以应用。③有的理论(信息资源建设、读者权利)在近期就可以在实践中加以应用,并能体现出来。有的理论(图书馆核心价值、图书馆发展战略)则可能要较长时间后才能在实践中应用。而有些理论(如1978年,美国情报学家兰开斯特曾预言,21世纪末是无纸的社会)随着时间的推移,将不再适用图书馆实际,理论本身发生了错误。两者这种复杂关系,可能会使人们把理论联系实际的情况误认为理论脱离实际。

五、高职院校图书馆建设指南

(一)高职院校图书馆建设原则

1.规范性原则。规范高职高专院校图书馆的建设工作,避免图书馆无序发展。

2.导向性原则。把握高职高专院校图书馆的发展趋势,指引其健康发展。

3.实用性原则。力求内容简洁,指标清晰,重点突出,适应性强,易于操作。

4.服务性原则。对图书馆服务工作提出较高要求,以促进图书馆提供优质服务。

(二)目标与任务

1.目标。进一步规范高职高专院校图书馆建设,指引图书馆发展方向,为图书馆建设与发展提供参考依据,提高图书馆资源建设质量、读者服务与管理水平,从整体上促进我国高职高专院校图书馆的发展。

2.任务。图书馆应积极采用信息技术,实行科学管理,不断提高自身业务工作质量和服务水平,最大限度地满足读者的需要,为本校教学、科研与管理构建切实有效的文献信息资源保障体系。主要任务包括:①建设满足学校教学科研需求且能适应需求变化的文献信息资源,并对其进行科学加工整序和管理维护;并负责组织和协调本校(院)的文献信息资源建设工作,实现文献信息资源的优化配置和共享。②做好流通阅览、资源推送和参考咨询工作,积极开发文献资源,提供文献信息服务。③开展信息素养教育,培养读者的信息意识,提高读者信息道德和获取、利用文献信息的能力。④开展各种形式的读者活动和读者满意度调查研究,加强图书馆与读者的交流。⑤积极参与文献信息保障体系建设,开展多方面的协作,实现资源共知、共建与共享。⑥积极开展学术研究和交流活动。⑦为行业和当地的社会发展和经济建设提供文献信息服务。

(三)管理体制

第一,各图书馆应有明确的符合《普通高等学校图书馆规程》和学校发展规划的定位与发展目标,具有与学校发展目标相一致的办馆理念和发展思路,有实现目标的措施与方法,有年度工作计划和工作总结。

第二,图书馆是学校的二级单位,实行主管校(院)长领导下的馆长负责制。根据实际情况可设副馆长或馆长助理 1 - 2 名。

第三,图书馆馆长、副馆长应具有副高以上职称或本科以上学历,认真执行国家的教育方针,了解学校专业建设与人才培养目标,热爱图书馆事业,熟悉图书馆业务,有较高的理论与实践水平,擅长组织管理。馆长主持全馆工作,制订发展规划、规章制度、工作计划及经费预算,并组织贯彻实施。副馆长或馆长助理协助馆长完成各项工作。

第四,图书馆馆长应为学校教学指导委员会和学术委员会委员,参加文献信息资源工作有关的校(院)长办公会议。

(四)队伍建设

第一,图书馆应根据读者人数、资源数量、服务项目与开馆时间、设备设施维护需求、馆舍分布等因素适当配备工作人员。在校生人数超过 1 万人时,图书馆工作人员应不少于 30 人。

第二，图书馆应有计划地引进、聘任具有图书情报或其他专业背景的工作人员，工作人员学科结构与专业背景应满足图书馆建设和服务的需求。

第三，图书馆工作人员学历、职称及年龄结构应合理。原则上应具有大专以上学历，本科学历人员比例应不低于50%，并随学校的发展逐步培养或引进硕士研究生以上学历人员；职称结构由高级、中级、初级组成，中级职称人员比例应不低于50%；年龄结构应呈现合理梯度。

第四，图书馆工作人员要实行公开招聘、择优录取。工作人员要忠诚于党的教育事业，热爱图书馆工作，恪守职业道德，认真履行岗位职责。

第五，图书馆应为工作人员提供在职培训和进修学习机会，应定期或不定期对馆员开展培训，以提高馆员的业务水平。

第三节 高职院校图书馆专业思维与方法

高职院校在建立和发展自己的图书馆过程中，也存在理论指导不足，或是理论无法联系实际的问题。许多图书馆的建设和管理理论在被引进后，也只能停留在理论层面，无法在实践中帮助院校建立现代化的图书馆。因此，高校图书馆在建设过程中，需要找到自己的思维和方法。

高职院校的图书馆在发展中存在的问题，有些在于学校的图书馆实践经验不足，有些也在于理论跟不上时代的发展。我国对于图书馆的理论研究，许多理论都是从管理学、社会学等科学体系中挪用过来的，具有其他学科的浓厚色彩。这就导致了图书馆在实际工作中，许多工作人员无法找到适合图书馆本身的实践方法。这也体现出了人们对于图书馆本身的内在发展规律认知不足。例如，一些图书馆在提高服务质量的过程中，只能按照社会中一般的营销方式来推广图书馆的服务项目，使其与图书馆本身的功能严重不符。如果缺少专业化的思维与方法，图书馆的发展就只能步入其他行业的后尘，让读者群体也对图书馆产生错误的认知。

专业思维的形成,是解决图书馆发展过程中理论与实践的矛盾问题的途径。专业思维主要是指图书馆工作者所掌握的理论和实践方法都是符合图书馆的本质规律的,能够体现图书馆工作的特性,充分发挥图书馆的基本功能。高职院校图书馆在发展过程中,也需要加强对专业人才的培养,让图书馆所进行的管理和服务工作能够适合社会对于图书馆的基本要求。

一、图书馆研究中专业思维意识的缺失

当代中国图书馆学研究中的专业思维缺失由来已久。在20世纪50年代的特定社会环境中,所有学科的专业思维都无可避免地受到意识形态的挤压,社会科学领域的冲击相对更大一些,而先天薄弱的图书馆学所受影响自然更甚。前半个世纪的专业实践被全盘抹去,以前的专业教科书被彻底改写,图书馆社会文化活动成了不知所谓的"公共文化"构成,专业研究成为行政决策的文字阐释。当专业学术思维离开了社会分工规定专业实践领域,这门科学也就失去了自己的灵魂。

如果说,老一代图书馆学人还能依凭惯性的专业意识,在学术研究道路上坎坷前行,而部分当代理论家似乎已习惯于在流行政治术语中讨生活,全然没有了专业思维的意识。特定的社会环境造就了此类理论家,他们也由于特定的社会环境而获取了主流发言权。其结果是专业实践工作者对当代图书馆活动发展路向迷茫,专业研究活动的领域与目标被无限放大,众多专业论著呈空洞化,高深莫测的语词后面其实是一无所有。

(一)专业活动定位的迷失

图书馆的实践工作,需要符合图书馆的客观发展情况,而不能按照理论研究者的主观想法来进行。在确定图书馆的专业活动时,无论是理论界还是实际的工作者,都需要把握图书馆活动的专业性。图书馆的理论能够符合实际工作的需要,符合图书馆的发展规律,同时,图书馆的工作人员也要具有专业性的业务技能。

在图书馆的专业性方面,图书馆工作人员的工作活动都需要把握社会中

对图书馆的需求,能够将需求转化为图书馆的服务活动。图书馆在理论上的发展,要改变过去依靠其他专业的理论研究方法,从而形成研究图书馆本专业的理论体系。同时,图书馆理论在发展过程中,也容易忽略图书馆事业的变化性,导致了理论与实际容易出现偏差,图书馆中许多理论的形成都是在其他的学科中衍生出来的,无法反映图书馆事业的理论和实践方法。图书馆在发展过程中,馆员所具备的专业技能也存在不足。随着时代的发展变化,社会对于图书馆的需求也在增长,一些新的信息资源和服务方式都会涌入图书馆行业当中。许多馆员所掌握的理论知识与实践技能都比较落后,导致图书馆的服务难以满足读者需求。因此,随着图书馆的发展和进步,学者和馆员都需要为图书馆的发展确立新的目标,明确图书馆发展的新定位。

当前图书馆理论的发展,人们都会关注图书馆如何为广大群众提供知识信息服务的主要功能定位,但在具体的实践过程中,许多图书馆都缺少开展信息服务的方法。在信息社会中,由于多样化的信息平台的产生,导致图书馆适应时代的能力越来越差,公众对图书馆的访问率和使用率也受到了其他信息平台的影响。这些问题都表明了图书馆在功能定位与发展目标上的缺失,在近些年的图书馆理论研究中,许多学者和工作人员都需要从其他方面来研究图书馆的发展,使图书馆无法找到专业化的发展路径。

总之,在图书馆的专业性无法实现时,图书馆在信息服务方面的能力就会下降。面对这些问题,许多理论研究成果提出了图书馆的基本需求问题,但这些基本需求也无法解决实践中的问题。在图书馆的发展过程中,图书馆所提供的服务也会与社会上的需求产生矛盾,让理论与实践产生了脱节。为此,人们还需要找到图书馆理论上的需求同社会具体需求之间的关系。图书馆的理论研究重点是要形成专业思维,深入研究图书馆的各种类型和功能定位,为图书馆在信息社会的发展树立可行性的目标。

(二)社会职能认识的虚幻

图书馆事业是一种古老的行业,在文字和知识诞生之时就已经产生。随着文明社会的发展,图书馆也发展成为一门独立的学科和行业,在社会文化建设中占据了重要地位①。在现代社会中,图书馆也成为现代生产分工体系当中的一环。现代社会知识和文献的产生都需要为各类生产活动而服务,社会的分工也反映了图书馆在文献分类管理上的基本规律。同时必须指出,文献集藏管理机构的社会服务,与普世价值等原本没有必然联系。西方社会的文化优越论者出于对世界其他国家和地区文化渗透与精神控制的需要,刻意把此类先行一步的社会设施和活动等,与宗教信仰、意识形态等纠合在一起,编造出一些动人的童话诱惑无知的追随者。缺乏对此类宣传的辨识能力,是当代中国图书馆学研究中专业职能意识虚幻化的原因之一。

在信息社会中,社会各个行业都会产生海量的数字信息,从而也导致了文献资源快速碰撞。信息化的网络传播平台,可以让广大群众从各个渠道来获取知识信息。在这种情况下,传统的图书馆就不会成为社会中唯一的文献馆藏和信息服务平台。我国在图书馆的发展过程中,比较缺乏对信息化图书馆的专业性思考,这是影响图书馆事业发展的主要原因。

我国在图书馆的发展过程中,面对信息技术的发展,也提出了技术决定论的理论。该理论主要是要让图书馆能够探索信息技术发展的道路,加强数字化文献的建设,鼓励图书馆在信息技术领域占据先机。虽然图书馆的信息技术发展能够改变传统图书文献传播效率和使用效率不足的问题,但如果对比高度发展的商业信息技术平台,图书馆的信息文献建设则缺乏竞争优势。在数字信息市场中,一些商用信息库要比图书馆更加先进,所提供的信息服务也更能适应社会的要求。这种问题的出现,也主要体现在图书馆盲目发展信息技术,缺少图书馆行业的专业化思维,没有与其他的信息技术服务产生差异性。

我国的图书馆理论界同时还主张服务中心论,主要是将图书馆看作社会上的服务机构,重点改善图书馆的服务项目与服务能力,从而体现图书馆中的人文精神。这种理论的发展对于改善馆员的工作问题能够产生一定的作用,但不能解决图书馆实现专业化发展的问题。仅从服务角度去理解图书

①沈朴.信息服务时代下的市级党校移动图书馆建设创新[J].兰台内外,2020(23):3.

馆,也不能完全改变图书馆信息服务利用率不足的问题。同时,服务理念将图书馆的功能和职责转移到了基层的员工上,对于图书馆在战略上的发展则难以提供专业性的指导。

二、以专业思维导引专业方法研究与探索

在信息时代的发展浪潮中,图书馆在提供信息资源服务方面面临着各类数字化信息平台的挑战。信息化能够将传统的文献资源实现数字化的发展,更带来了社会中的信息传播方式的变革。在信息技术和通信技术的推动下,许多网络平台和数字媒体平台快速发展,是人们获取资源的主要途径。网络没有能够将传统的文字、图片与影视化、动画化的形式结合起来,以更加灵活、浅显的方式向大众传播。网络化的信息传播方式使传统的知识信息实现了碎片化、浅显化,更容易被人们所接受。这使得传统的图书馆文献资源难以得到用户的认可。同时,网络中的信息也存在不真实性和不确定性,也给图书馆中的信息带来了更多挑战。当人们适应了网络化的信息传播模式时,就不再愿意接触图书馆中的各类信息资源。大众用户只要掌握了基本的网络使用能力,就可以从中获取相应的信息,用户也不需要具有太多的知识能力,就可以使用网络信息平台。

图书馆的专业性发展面临着信息化发展的问题,图书馆既要保持自己的专业性和权威性,又不能完全融入网络信息环境。在这种情况下,图书馆的功能和定位就需要做出重新定义。许多人将图书馆当作社会中的信息管理机构,但面对多样化的数字信息平台,图书馆也无法成为过去时代那种单一的信息管理机构。受到信息技术的冲击,图书馆也成为整个信息网络中的一部分,与其他的信息平台处于并行发展的关系。许多图书馆在信息化发展的过程中,也只能跟上信息技术发展的脚步,却无法做出技术上的创新。

(一)依托专业思维探索工作规律

面对信息技术带来的冲击,图书馆的研究者和管理者都需要做出探索和研究,按照专业化的思维来找到图书馆信息化的有效路径。在探索过程中,图书馆界所形成的理论和实践经验都存在不足。许多图书馆在探索过程中,对于数字馆藏和信息化服务的探索创造了技术手段与服务方法,并在总结经验的过程中逐渐归纳出理论依据。但图书馆在实现理论和技术领先过程中,还存在不足,在信息化发展过程中也存在功能定位和专业性的缺失问题。

因此,图书馆的信息化发展需要以专业性为基础,以创新为基本的驱动力,使图书馆的文献资源能够在社会各个行业的发展中体现更大的作用。目前,图书馆理论界面临的问题是许多图书馆都在追求文献馆藏的数字化和服务的信息化,让自身能够深入融合到信息社会的生产活动当中。然而一旦确立了这样的发展目标,图书馆理论上的专业性研究也就失去了更多的发展空间。

典型如图书馆的社会大众文化服务课题。多年来,各地的图书馆,尤其是东部地区图书馆都在积极探索。珠三角地区先后有"佛山模式""深圳模式""东莞模式"等;长三角地区近三十年至少经历了三次大规模的起伏,近年来"嘉兴模式""杭图经验"呼声甚高;天津地区的"延伸服务",因总结交流时文化部的参与和操作,一跃成为全国图书馆服务普及的"标准用语"。

我国许多地区图书馆在信息化过程中积累了许多可以借鉴的模式,值得其他地区的图书馆进行学习。由于图书馆也存在地域性的特征,因此,当其他图书馆来学习借鉴这些经验时,也经常难以使用在本地的图书馆发展当中。许多学者在研究这些图书馆的理论问题时,也会按照经验的角度来进行分析,也有一些人将图书馆的成功因素归结于管理者的个人能力等原因。这些研究都没有找到图书馆发展的专业性本质,从而难以将实践经验转化为可以通用的理论知识。

图书馆理论和实践产生的矛盾,关键还是体现在专业思维的不足。在图书馆的发展过程中,管理者和馆员都存在理论基础不足的问题,当他们为图书馆制定新的信息化发展规划时,只能通过学习其他经验和自主摸索来进行,在实践过程中缺少理论上的指导。图书馆的理论研究还需要专业研究人员的作用,但专业研究人员也无法将实践经验与图书馆的理论整合起来。同时,在进行理论研究过程中,还缺少创新精神,并且对信息时代的变化认识不足。在图书的成功经验转化为理论问题时,人们还需要对图书馆所在的社会环境、经济文化环境等因素进行研究,这就会涉及许多方面的问题。

总之,专业性思维的缺失,让图书馆只能在底层的工作和服务方面进行创新,让馆员仅限于以更好的态度和能力提供服务。但这种方式不能改变图书馆本身在整体规划方面的问题,无法在图书馆适应信息社会的过程中产生作用。因此,如果相关的研究人员缺少专业思维,其创造的理论也会缺乏实践性,导致理论成果成为一种单一的学术性问题,而不能落实在图书馆的信息化发展活动中。

(二)理论借鉴要注重原理把握而非语词搬运

图书馆的理论研究离不开其他社会科学的一般理论研究,图书馆学对其他学科的借鉴,也容易让其他学科的基本概念和原理融合到图书馆的理论体系中,使产生的理论结果具有一般性而缺少专业性。因此,理论研究不能进行简单的借鉴和照搬,更需要深入发掘图书馆本身的规律和概念,形成适合图书馆事业的理论研究方法。

在理论研究的过程中,人们更愿意用一些普遍性的思想观念和基本原理来解释各个专业领域,这也造成了各个行业都存在专业性不足的问题。许多研究者也会去追求社会发展中的一些较为流行的思想理论,从而让自己的研究成果更能得到关注。但这种倾向实际上不利于整个理论界的发展。我们在进行图书馆的理论研究时,更需要在适应时代、加强创新的过程中,能够把握基本规律,让图书馆研究保持专业性。

信息技术的发展,让整个社会的生产和生活方式都发生了巨大的改变,从而生成了知识经济的概念。知识经济的产生,进一步提高了知识和信息资源在社会中的重要地位,也促进社会中的所有成员需要加强知识的学习。图书馆作为最古老的知识收藏和传播机构,理应在知识经济的时代发挥更为重要的作用。为此,理论界也对图书馆与知识经济的发展进行了系统研究,要让图书馆与知识信息的发展挂钩,并将图书馆所占据的文献资源更广泛地应用在社会经济的发展中。在知识经济的带动下,各个学科也开始了新的理论研究,使各个学科都能够在理论上取得更大的突破。但图书馆作为一门独立的学科,只能跟随其他的学科来完善自己的理论体系,而没有在知识经济时代体现更强的专业性。

图书馆科学对于其他学科的模仿和借鉴是限制其专业性发展的一大问题。不少研究人员和管理者都会盲目地跟随风尚,将知识经济中的一些新的概念和模式搬入图书馆的发展规划中。这些从外部借用过来的理论,在社会发生变化后,又会产生新的问题。因此,要想实现图书馆理论的专业化,就需要从根源上找到理论的基础,能够结合实际需求进行理论上的创新。

在知识经济和信息技术时代,图书馆所具备的文献馆藏的本质没有发生改变,在馆藏建设的基础上,图书馆可以创新自己的馆藏形式,开发新一点的信息应用和服务产品。当前的知识信息传播模式在网络平台下发生了较大的变化,需要图书馆能够及时做出应对,让自己的馆藏资源和应用范围也得到扩张。但任何一种新的探索,都需要图书馆把握自己的专业本位,不应去简单借鉴知识经济下形成的新理论模型。

我国围绕知识经济的发展,将图书馆的专业定位确定为进行知识的交流和服务,围绕这一目标开展了一系列探索,并用理论基础的完善来夯实这一基础。以知识为主的图书馆定位要求人们能够强化图书馆的馆藏功能,发挥图书馆的知识高地优势,探索信息化背景下的图书馆服务形式。如果图书馆能够将自身所掌握的知识储备向社会公众普及,则在社会各个行业的发展中将起到良好的驱动作用。

从图书馆活动的单一视野观察,貌似有几分道理。但若把它放到社会文化的大视野中审视,就显得十分突兀了。人类社会的知识交流从来不以单一形式实现,在当代社会生活中,判断与区分哪些活动是信息交流,哪些活动为知识交流,是不可能也是不必要的。即便压缩到社会的文化知识传承这一相对狭小领域,图书馆服务与学校教育在专业上也有着极大的差异。若学校也把"知识服务"作为自己的专业发展目标,那么图书馆与学校的本质差异将如何表述,两项专业活动的界限又如何划分?

同样,稍作严谨的思考,就不会把"知识"这一极其抽象的概念,作为一项专业活动的工作对象与发展目标。不妨仔细看看科学的"皇冠"——数学,也有着各自特定的知识领域或范畴。尽管当代社会中曾经有所谓"知识产业"的提法,但去仔细盘点这一产业的内容,就会发现这一概念的内涵或是无所不包,或是不明所以,充其量也就是一个临时性的指代用语。

三、简短归纳

社会各个活动领域中知识交流与服务,原本是一种生活常态。每一门科学活动的对象,都必须以客观存在的具体事物为基础。所谓基础研究,就是专业活动内在规律的探索,专业科学研究所提炼或抽象的内容,只能来自专业实践活动本身,而非专业工作的对象,当代中国图书馆学基础研究,很少对当代社会文献生产与利用领域的变化,进行充分调查研究和深刻把握,仅仅对专业活动的对象作最简单的概念抽象,就轻易地把它"提升"并界定为专业研究与专业活动的基础领域,是否应该引起质疑?

在这一观念裹挟下,专业思维被淡化,有效的专业活动方法难以出现,也是必然。

第四节 高职院校图书馆社会服务建设

这里以黄冈职业技术学院为例来进行高职院校图书馆社会服务建设的探讨。黄冈职业技术学院是2010年度"国家示范性高等职业院校建设计划"骨干高职院校立项建设单位之一,"国家示范性高等职业院校建设计划"对高职院校深化教育教学改革、创新人才培养模式、建设高水平专兼结合的教学团队、提高社会服务能力和创建办学特色等方面提出了很高的要求,图书馆如何配合学院示范院校建设工作并借此契机提高社会服务能力和经济效益,是黄冈职业技术学院图书馆面临的机遇和挑战。

一、黄冈职业技术学院图书馆社会服务功能现状

(一)提供信息收集、整理、编研服务

黄冈职业技术学院图书馆从现有工作人员中,挑选出工作经验丰富、从事图书管理及计算机专业的技术人员成立信息技术部。信息技术部除了维护日常整个图书馆借阅系统的正常运行外,还要为科研申报、科研成果鉴定、专业查新等提供可靠的信息资料服务;另外对重点课题进行跟踪,及时了解课题组所需的相关资料。每年图书馆也有申报课题,同时也加入院课题组,在课题组内专门提供信息服务,积极参与课题全过程的研究过程,定期搜索与课题相关的信息,加以分类、整理后提供给课题组。

(二)为技能行业提供培训服务

黄冈职业技术学院坚持对症施教,着力培养学生的实践动手能力。设有"国家职业技能鉴定所""农业行业特有工种职业技能鉴定站(158号)""建设职业技能鉴定站(17001238号)""全国计算机等级考试考点(420076考点)"等,为配合培训工作的开展,我们图书馆向学院相关部门及学生发放调查问卷,根据反馈的信息,采购职业资格认证和技能考试参考文献,为对证培训提供文献资料。

(三)建立丰富电子资源及特色数据库

学院图书馆为了更好更全面地服务全院师生利用好电子资源,不仅与中华人民共和国教育部网站、国家高职高专教育网站、高职高专校长联谊会、武汉大学、华中科技大学、深圳职业技术学院等13个网站建立友好链接,还购买了中国知网数据库、博看电子期刊、维普数据库、学位论文数据库等八个数据库,并且配合学校的重点学科教学和科研需要,着重建设特色馆藏资源数据库,现已建设完成教学课件数据库和特色文化数据库。

1.教学课件数据库。教学课件数据库是收录全院教师院级以上精品课程课件共100多个,并将课件按所属院系分开,然后再按学科分类,每个课件内容全面、具体、生动,实行远程教学的学科能轻松学到教师所讲内容。教学课件数据库的建立,为全院教师提供了学术交流平台,同时也为社会服务培训提供了良好的教学渠道,充分发挥了社会服务价值。

2.特色文化数据库。特色文化数据库依据黄冈大别山文化特点,以生动、形象的图片和文字形式建立大别山文化展示、名人文化两个栏目。名人文化主要介绍如李时珍、苏东坡、闻一多等文化名人,还有诸如黄冈籍党的一大代表董必武、陈潭秋,地质科学家李四光,活字印刷术发明人毕昇,文学家叶君健,经济学家王亚南,哲学家熊十力等名人正在陆续筹建之中。大别山文化展示如红色文化、古色文化、宗教文化、医药文化等也正在筹备之中。

3.利用馆藏资源开展外借服务。学院图书馆馆藏丰富,内容涉及方方面面,馆内藏书达120余万册,为更好地满足全院师生对文献资料的需求,图书馆不仅实行了"多处选择、一处借阅"的超市管理模式,并且全院实行了"一卡通"管理,极大地方便了读者的借阅。同时,对参加黄冈职业技术学院短期培训的"一村一名大学生""阳光工程"等人员,统一办理临时借阅证,与在校师生享有同样的借阅权,方便了他们使用本院的文献资源。

二、社会服务对象及途径

根据黄冈职业技术学院图书馆开展社会服务工作经验实践,学者认为职业院校图书馆开展社会服务应明确社会服务对象并有所侧重,针对不同服务对象的需求,开展多种方式、多种渠道的社会服务。

(一)服务对象

职业院校图书馆的服务对象包括本校的普通教师、专业教师,从事科研的教职员工,管理人员和在校学生,以及参训的、联合办学与科研的社会及企业人员等。

（二）服务途径

1.扩大读者服务范围。据相关资料显示,我国职业技术人才相当缺乏,职业院校除了对本校师生提供大量相关书籍和资料借阅外,院图书馆还可以进一步扩大服务范围,面向校外广大职业技术人员及科研人员开展多种形式的文献借阅服务,如为技术、科研人员办理图书借阅证、开展馆际互借、举办图书漂流等活动,使本校的图书文献资源能得到充分利用。

2.为行业技术培训提供资料服务。针对职业院校的实际情况,依托图书馆的资源为各类职业技术培训和继续教育提供文献资料支持,如黄冈职业技术学院在"阳光工程""一村一名大学生"培训中,图书馆积极参与其中,深入了解培训内容,提供相关培训资料,从而使培训工作顺利进行。另外,还向他们开放阅览室的报纸、期刊、工具书室并提供文献检索、复制、电子阅览室服务等。少数乡镇技术人员对网络信息资源缺乏了解,信息检索技能不强,我们图书馆编制馆内数据库的使用指南发放给他们,或利用网络知识讲座的机会邀请他们参加学习。使他们在最短的时间内掌握了解图书检索、信息获取技术,满足信息需求。

3.开展远程数字服务。黄冈职业技术院校图书馆利用图书馆网站,为远程读者提供一体化服务,允许远程读者访问本馆的数据库资源,并开设学院的精品课程、课件视频、特色文化等板块,同时在本地提供信息检索、下载数字资源服务,为远程读者终身学习提供条件和帮助。

三、建议

根据黄冈职业技术学院图书馆社会服务经验,要想更好的发挥图书馆服务社会的作用,其他职业技术院校也应做好一些相关工作。

（一）深层次多渠道的社会服务

职业技术院校在多层次的办学过程中,如与很多知名企业签订就业订单班等,这是社会和学院发展的必然趋势。职业技术院校图书馆内馆藏丰富,专业细致,分类标准如:农业种植、养殖;建筑行业、医药卫生等,图书馆的特色资源也能在合用中发挥优势,与相关企业建立服务项目,不仅能使社会受益,也能使图书资源得到充分利用。

(二)加强部门沟通,提高利用意识

职业技术院校图书馆在社会服务活动中,要配合成教部门及培训中心的工作,积极主动参与其中,深入了解培训内容。根据其部门职业技能培训、职业技能鉴定等社会服务项目,及时准确提供培训资料。这就要求图书馆要做好平时与相关部门的沟通工作,增强其他部门充分利用图书馆资源的意识。

四、结束语

职业技术院校图书馆不仅仅是本院师生员工服务的窗口,也是为社会服务的重要窗口,黄冈职业技术学院图书馆依据自身的馆藏特色,充分发挥其馆藏及电子资源优势,在服务自身的基础上,积极为社会提供服务,职业技术院校图书馆社会服务功能的开发是学校辐射能力与示范性的具体体现,是学校综合实力的重要标志。黄冈职业技术学院图书馆将在实际工作中,改善服务功能,拓展服务途径,完善服务渠道,为黄冈社会、经济、文化发展做出积极贡献!

第三章 高职院校数字图书馆安全管理建设

第一节 高职院校数字图书馆建设

信息技术的发展对于图书馆的建立和管理产生了实质上的改变,从技术角度来看数字化的存储和传播技术,让图书馆馆藏建设和服务的形式都实现了巨大的突破。在传统技术下,图书馆最主要的馆藏资源就是以印刷品文献为主的资源,这需要图书馆在建设时就需要拥有较大的室内空间和优良的存储环境,能够对图书馆文献的保存、收藏和为读者服务提供设置基础。但信息技术产生的数字资源可以通过机房建设来进行存储,运用网络技术对外传播,让图书可以按照数据库和网络平台的形式出现。在网络中,人们可以更加便利地构建一个虚拟化的图书馆。数字化带来存储和应用上的便利,让图书馆在建设理念上发生了很大的改变。

一、数字图书馆的概念

数字图书馆的发展,让人们对于图书馆的概念有了新的理解,而各种类型的数字图书馆也有着不同的概念和内涵。对于传统的公共图书馆来说,数字图书主要是对传统设施和文献馆藏进行的数字化改造。对于教育领域的图书馆来说,数字图书馆的建设需要通过数字化的服务平台,强化图书馆的知识传播和教育功能。因此,要想为数字图书馆作出一个整体的定义,我们就需要更加具体地分析数字图书馆的特征。数字图书馆的基本概念是,以数字化的馆藏和信息化服务为主的图书馆建设形式。其基本的特征是,要对传统图书馆进行信息化扩展,对知识信息进行数字化的描述,并按照智能化的检索方式及服务平台为用户提供多种形式的数字信息服务。

数字图书馆不仅仅是一个文献馆藏的平台,还是一个数字化的应用平台。因此,它与其他形式的图书馆也有着较大的区别:一是数字图书馆不同于电子图书馆。电子图书馆的主要作用是进行资料的保存,而不承担资料的应用问题。而数字图书馆要关注数字文献的应用,使其能够使用特定的服务渠道实现资源共享。二是数字图书馆不同于虚拟图书馆。虚拟图书馆是网络中存在的图书馆,是对网络中信息资源的整合,更加注重用户的体验,能够让用户更能方便地使用资源。但数字图书馆的建设也需要依赖基础的物质建设。三是数字图书馆与开放式图书馆的异同。开放式图书馆需要做的是打破图书馆的界限,让用户能够在更广阔的范围内使用图书馆资源。数字图书馆的建立,是开放式图书馆的一种形式,能够运用网络技术,让用户不再受到图书馆营业时间和所在地区的限制,可以自由地访问网络平台。四是数字图书馆与复合图书馆的异同。复合图书馆通常包括传统的图书馆与数字化的图书馆,通常来说,在信息时代背景下,一些大型的综合图书馆为了扩展自己的馆藏和服务范围,都需要加强数字图书馆的建设。

二、数字图书馆的资源建设

在信息技术的条件下,各地要想建设数字图书馆,就需要加强对信息技术资源的创新和整合。其中主要包括数字化的文献、信息网络技术应用和数字服务产品开发等。数字化的文献资源主要包括传统文献的数字加工形成的文献;图书馆通过各种渠道收集的数字文献资料;图书馆从网络中获取的其他资源等。数字图书馆的建设基础就是要建立数字化的馆藏资源,让图书馆能够掌握齐全的、价值较高的数字文献资源。

(一)馆藏资源数字化

在信息高度发展的条件下,网络中出现了大量的信息,但其中的许多信息都不具有成为图书馆馆藏资源的价值。网络信息的主要特点就是分散化、碎片化,重复率高,并且也往往没有真实性。如果盲目地收集这些信息,就会导致图书馆数字馆藏的价值含量下降,也无法为用户提供信息服务。因此,图书馆建设数字馆藏的第一步就是要开辟可靠的数字信息渠道,确保信息资源的高价值性。其中,图书馆所拥有的传统图书文献也是重要的数字资源来源。许多图书馆在建设数字馆藏中,最为重要的工作就是实现传统文献资源的数字化。

传统馆藏的数字化是运用相应的设备,将印刷品文献转换为使用计算机进行存储和传播的数字文献。例如,将图书扫描为数字图片文件,并使用专门的阅读软件来进行传播和使用等。传统文献的数字化可以让图书馆的馆藏文献具有更多的副本,这样可以提高存储的安全性和多样性,并提高馆藏文献的利用率。目前,结合计算机技术和其他的信息技术,馆藏文献的数字化主要有以下方式。

1.人工录入的形式。人工录入是指图书馆的工作人员使用相应的计算机软件,对物质形态的图书馆馆藏文献建立数字化文献的方式。例如:使用计算机办公软件输入文字、图表数据等信息;使用图片软件加工照片信息;使用视频软件对视频资源进行加工等。人工录入的主要缺点是受限于工作人员的工作效率,会给图书馆带来较高的人工成本。

2.计算机扫描录入。在处理大量的印刷品文献时,图书馆可以购进高速和高精度的扫描设备将印刷品图书转化为数字图书。这一方式要求扫描设备能够准确无误且速度较快地进行扫描。扫描录入主要包括以下几种途径:一是用扫描仪器将印刷品图书扫描为图片格式进行保存,这种方法较为简单,能够快速地完成数字图书的构建,并且文件的精准度可以得到保证,但清晰度则需要进一步控制。这种方式能够快速满足读者对于数字图书的要求。二是在对图书进行扫描之后,图书馆可以使用显影的软件对图片文件进行识别,从而实现图片的文本化,方便图书馆工作人员对文献资源进行进一步的加工。

3.使用数码照相机进行拍摄。数码照相机所拍摄的图片就是以数字形式存在的,可以使用图片软件进行深入加工。用数码照相机进行拍摄是对扫描文件的有效补充,当一些传统的馆藏文献无法使用扫描设备时,就可以使用数码拍照的方式来进行转化。

(二)购买数据库和电子化出版物

目前,许多图书出版机构也会侧重于数字化出版物的发行,这些出版物有些以光盘等存储方式来发行,有些则是以数字软件的形成在网络中发行。图书馆在建设数字化馆藏时,也需要注重对这些数字出版物的采购,可以不经过转化直接成为数字资源。出版机构在发行数字出版物时,一般会与传统的出版方式同步进行,在采购过程中也有着相应的征订目录。图书馆可以通过与出版机构的沟通来选购合适的数字出版物,同时还应该与数字版权发行的网络平台建立合作关系,拓宽自己的数字资源采购渠道。

图书馆在建设数字馆藏的过程中,也需要建立自己的数字存储系统,有些大型的图书馆可以独立建设大数据的机房,用于存储大量的数字信息。有些中小型图书馆则应该与大数据平台进行合作,购买网络中的数据库。高职院校在建设数字图书馆时,通常需要在网络中购买数据库,其主要步骤包括:一是对网络中的数据存储平台进行对比评估,选择最合适的数据库产品;二是评估数字馆藏的规模,加强对数据库的实验和管理;三是在完成数据库建设后,要进一步加强馆藏资源建设,采用集团购买等方法让数据资源实现共享;四是结合数字图书馆的建设,开发数据信息服务。

(三)网络信息资源的组织

互联网能够将所有连入网络的用户和平台连为一体,具有很强的共享特征,在提供信息服务的过程中,互联网要强于任何一种信息媒介。互联网中存在的数据信息资源也具有信息量全而大的特点,几乎可以包含所有的信息类型。社会各界在构建数字图书馆时,也是利用互联网的技术特征来进行的,在信息资源建设中,数字图书馆应从互联网中筛选那些高价值的资源,为用户提供精准的服务。

数字图书馆的馆藏资源建设,应该从互联网中进行收集,要注意的是信息资源的真实性和高价值性。与传统的文献收集渠道不同,互联网中的信息来源则具有自己的特点:其中一类是固定化的信息来源,主要是与知识开发和科研相关的学术机构网站、教育网站、政府机构网站等,这些渠道来源产生的数字文献具有较高的价值,并且具有产出稳定的特点;另一类是不固定的信息源,主要是一些商业性质和个人性质的网站,这些网站所产出的文献有时具有收藏价值,有时也不具有文献的价值,需要数字图书馆能够加以筛选和加工。

在数字图书馆建设过程中,固定的信息来源是主要的关注对象。这需要图书馆能够与相关的知识产出机构进行长期合作,并及时关注学术和科研活动的发展,争取获得第一手的文献资料。

三、数字图书馆的服务开发

图书馆藏资源的建设,不仅要为了丰富图书馆的馆藏,而且要能够以服务产品的形式给用户带来帮助。因此,数字图书馆既要关注馆藏资源建设,还要重点研究在网络条件下的服务产品开发。网络化信息服务的特点是可以通过一定的网站和客户端,为用户提供高效、便捷的服务。用户访问信息平台时,也不会受到地理空间和时间的限制。数字图书馆需要按照网络用户的需求和数字馆藏的特点来创造更多的信息服务形式。

(一)网上借阅服务

数字图书馆所进行的图书文献借阅,与传统的图书馆借阅方式有很大不同。图书馆所提供的图书馆文献也是数字化的,可以通过网络进行传播,用户可以通过在线阅读或下载的方式来使用这些文献。在开展借阅服务时,图书馆要注意做好信息检索和下载平台系统的建设,让网络中的用户能够更便捷地使用数字图书馆。

(二)信息查询、检索服务

数字图书馆的查询与检索功能,也是借助网页等客户端实现的,在连接互联网的情况下,图书馆的检索系统主要包括自己的网站,也可以利用外部的搜索引擎和检索平台提供服务。

(三)知识导航服务

知识导航主要起到对用户的导读作用,能够按照用户的需求帮助他们从数据库中选取一些可以参考的数字文献。对于许多图书馆的用户群来说,他们不具有数据检索的能力,在查找资料时容易陷入迷茫,导致无法找到有用的文献。因此,数字图书馆在建设网络客户端时,需要做好导航系统的开发,将数据库中的文献资源按照一定的规则来进行分类排列,可以按照读者需求或学科分类等为用户提供可以点击的导航单元,让他们通过简单操作就可以找到有用的资料。

(四)咨询馆员服务

在网络数字平台条件下,图书馆的人工服务系统也是必不可少的。馆员需要充当在网络中为用户提供服务的功能,借助网络联系方式和社交媒体与用户进行交流:一方面要帮助用户解决问题;另一方面是要从用户当中得到服务的反馈信息。随着人工智能的发展,图书馆也可以将智能化客服系统与人工服务结合起来,在信息平台中建立自助化的服务系统,可以提高用户对图书馆的使用能力,解决部门用户面临的问题。

(五)教育服务

数字图书馆不同于一般性质的网络信息平台,而是要体现知识信息的专业性和权威性,能够在网络学习和社会教育中产生作用。图书馆提供的教育服务主要体现在以下几个方面:一是数字图书馆通过收集数字化的知识信息,为全社会保存高价值的信息资源,充分体现知识保存和传承的功能;二是在信息社会背景下,数字图书馆要能够向大众传播重要的知识信息,能够对人们技能、素质的发展提供帮助,对社会的进步做出贡献;三是数字图书馆要体现学术研究的价值,能够整合社会各个领域的创新研究成果,并将学术成果分享给各网络中的用户;四是数字图书馆对于个人的学习会提供帮助,能够在人们学习过程中扮演资料提供者的作用。

(六)个性化定制服务

网络环境下的信息传播都具有个性化的特点,主要是指用户能够按照自己的喜好或需求来获取自己想要的信息。在大数据算法的支持下,网络平台能够记住每个访问用户的信息,能够分析他们的需求,从而为用户提供符合其要求的信息资源。数字图书馆的建设也应该借鉴网络平台的技术特点,使用智能化的算法来构建个性化服务的产品体系。

(七)电子商务服务

数字图书馆与电子商务两者有相通的地方,将两者结合起来,有利于电子商务的发展。数字图书馆中的电子商务服务有:付费浏览服务,用户需要缴纳一定的费用才能浏览数字图书馆的某些数字化资源;在线交易,通过网络进行电子商务;知识租赁服务,靠订阅信息来获取报酬。

(八)文化娱乐服务

图书馆除了必要的知识信息之外,还存在一定的艺术文化资源,其中最主要的包括各类文学性、生活性、科普性的图书文献等,可以满足人们的文化娱乐需求。数字图书馆在建设过程中,也需要利用网络文化娱乐的特点,开发综合性的文化娱乐服务,其中包括电子书的阅读,音乐、影视和其他艺术资源的鉴赏等。

第二节 高职院校数字图书馆信息资源安全

数字图书馆建设的基础是网络通信技术、计算机技术和其他的数字技术等,图书馆所提供的服务和用户的访问都需要借助网络来进行。由于网络具有很强的开放性特点,对于图书馆中的信息资源和用户的个人信息来说,也处于一种开放的状态,在进行传播过程中也容易导致信息的泄露或是人为的攻击等。因此,对于传统的图书馆来说,数字图书馆具有更高的安全隐患[①]。这些隐患都与网络时代的信息安全密切相关,例如:数字图书馆的馆藏数据库容易受到外部攻击,造成网络的非法访问或信息丢失问题;一些病毒、黑客恶意的攻击等甚至会破坏网络数据库,造成严重的经济损失;用户在访问图书馆过程中,也会留下个人信息,这些信息也容易受到非法攻击者的盗取和利用;图书馆在共享数字文献过程中,也容易造成数字版权侵权等问题。这些经常发生的信息安全问题是人们在建设数字图书馆时需要重点解决的,应该通过技术手段和管理手段等维护图书馆与用户的信息安全。

一、数字图书馆资源的特点

数字图书馆具有很多种形式,但其最本质的要素包括实用数字化的文献资源,实用网络化的传播平台等。数字图书馆中的文献信息都是以数字形式进行保存的,数字文献都是由计算机语言构成,利用计算机存储方式来保存,在使用过程中也需要相应的平台或软件。由于数字信息具有虚拟性的特征,很容易受到外部环境的影响,出现数据破坏和泄露等问题。计算机系统和网络系统在诞生之初就面临着各种各样的威胁,一些人也会针对数字信息进行有目的的非法攻击,为自己牟取非法的经济利益。其中图书馆所拥有的高价值数据,如用户数据和文献资源等,也是一些人重点瞄准的对象。因此,数字图书馆也需要按照数字资源的特点,充分了解信息安全问题。

(一)资源共享性

数字资源只有通过网络进行传播才能体现其开放性和共享性强的价值。在传播过程中,数字资源比印刷品文献更容易被复制,并且可以随时借助网络通信渠道进行快速传播。数字文献资源的复制和传播虽然不具有对于信息本身的危害,但却会产生版权侵害的问题。例如,用户在使用图书馆中的文献资源时,可以轻易地对其复制,也有可能将其用在其他的商业用途中,这会对文献的发行方构成一定的版权侵犯。

[①]潘泰才,彭宇.大数据背景下的计算机网络信息安全及防护措施[J].数字通信世界,2018,162(6):248-249.

(二)对设备载体的依赖性

数字信息无法脱离物质载体而存在,其中主要是用于存储数字信息的硬件设备,用于传播和解读、使用这些信息的软件等。这些技术载体一旦遭到破坏,就有可能给图书馆或用户带来信息资源的损失。因此,数字图书馆在建设数据库的过程中,需要重点保护存储设备的安全。

(三)更新动态性

信息化的资源具有很强的动态性,一些知识信息在产生之后,可能会因为传输和使用问题导致原始信息发生改变,从而让数字资源的准确性受到影响。因此,无论是图书馆提供的信息服务,还是用户对于信息资源的使用,都需要注意信息的完整性问题。

(四)内容与实体的分离性

数字信息在保存的过程中,通常是以分布式的存储来实现的,当人们发布这些信息时,所有的数据才能被软件等设备读取,从而体现数字资源的意义。但如果信息读取和访问条件受到干扰,原来完整的数据信息就有可能造成破坏。

(五)平台跨时空性

数字资料内容的获取不受时空的限制,人们可以在不同平台上,同步或异步使用同一资源对象内容,特别是在互联网条件下,信道完全开放,主机(服务器)和客户机的差别在很大程度上被屏蔽了,通信协议沟通了绝大部分信息内容,而使用者的目的也不尽相同,这就给信息保护提出了新的难题。

(六)内容结构的复杂性

数字资源内容和形态可以根据不同的使用需要,改变其存在结构,包括物理结构和逻辑结构,数字化内容在普通文档和超文本、整体与部分之间变换。这种结构的复杂性给数字信息长期保存利用和管理增加了难度。

二、数字图书馆安全的基本要求

数字图书馆作为开放的公共数据信息资源,其安全的含义包括信息保密、内容完整和系统正常使用,因此从概念上理解,需要满足几方面的基本要求。

(一)保密要求

保密要求来自两个方面:一方面是数字图书馆需要保障馆藏信息的安全,要避免存储设备出现故障,也要避免数据库被非法攻击;另一方面,数字图书馆需要接纳大量的用户访问信息,图书馆也要对用户的个人信息安全提供保障。图书馆的数字文献在被开发成为信息服务产品时,也需要按照版权规则向社会提供服务。对于一些有偿的服务,需要对用户做出权限上的限制。

(二)完整要求

图书馆数字文献的传播和应用,需要注意数据的完整性,这样才能让信息资源的价值得到保障。数据在使用和存储过程中,可能会因为相关人员的误操作而出现了修改,甚至会因为恶意攻击而被替代,这会导致数据的完整性被破坏,甚至导致数据无法读取。图书馆在进行开发过程中,需要加强数据的安全体系建设。

(三)可用要求

图书馆的数字文献在向用户进行开放时,必须具有应用价值。用户在使用这些文献信息时,一般会通过网站或各类软件来进行读取或加工,用户获得这些资源的渠道则主要是网络。因此,如果图书馆的网络服务器或是客户端口出现了错误或是遭遇黑客攻击,就会造成用户无法访问的问题。

三、数字图书馆的安全问题

(一)网络安全

在互联网联通全世界以及社会的各个领域后,网络的安全问题也就成为一个重要的问题。在互联网中,安全威胁一方面来自内部的管理不善,另一方面也来自外部遭受的恶意攻击。一些计算机病毒和黑客攻击不但会造成网络存储数据的泄露或破坏,也会造成对信息存储设备、管理系统的破坏。数字图书馆的建设,需要构建一个内部的局域网,也需要连接互联网对外服务,图书馆中的重要信息也是外部攻击者重点瞄准的对象。一旦出现了网络安全问题,就容易给图书馆造成巨大的损失。数字图书馆的网络安全,主要体现在以下几个方面。

第一,由于内部管理问题而出现的安全问题。一些图书馆在构建数字图书馆之后,可能会因为管理者的能力不足,或是缺少合理的管理制度,造成了内部的数字存储、数字文献管理系统出现漏洞。

第二,互联网中存在的不安全性影响了图书馆的信息安全。在互联网的框架下,黑客攻击和新兴病毒随时都会出现,有时还有可能造成大规模的病毒传染和非法攻击问题。当数字图书馆以互联网平台对外开放时,也不可避免会受到整体互联网的安全事件的影响。同时,互联网中还存在一些非法用户专门瞄准图书馆之类的大型数据库,有目的地窃取重要的文献信息,以获得非法营利,这也是图书馆需要注意的问题。

第三,网络技术落后出现的信息安全问题。图书馆在建设数据库和信息系统过程中,可能由于使用落后的技术而导致安全出现漏洞,其中包括文献管理系统、用户访问系统或是防火墙出现技术落后。随着信息技术的快速发展,图书馆应用的数字技术也面临着快速的迭代,许多数字图书馆在投入使用后不久就会出现技术上的落后,这需要图书馆能够针对网络安全技术进行技术升级。

第四,计算机病毒带来的安全隐患。计算机病毒会随时产生,也会随着互联网传播到各类的文件当中。有些病毒是被人为故意创造出来的,能够对计算机系统或数据库造成较大的危害。由于计算机病毒防不胜防,因此需要计算机在应用时能够配套专门的杀毒软件来保障安全。

第五,非法攻击导致数据丢失或破坏。在网络环境中,会有许多不法分子成为网络中的黑客,他们会绕过互联网中的认证或防火墙系统,非法地访问一些个人或机构计算机设备,从中窃取对其有用的信息而牟利。这些黑客会制造一些非法攻击的程序,对计算机的安全系统造成破坏。如果图书馆中的数据库遭受攻击,那么用户的信息或重要的资料就可能被黑客所窃取。

(二)数据库的安全

数字图书馆的建设基础是拥有大量的高价值数字化文献资料,这些文献资料由于体量较大,一般都会被存储到专业的数据库当中。大型的图书馆会在自己的设施内建设数据库的机房,而中小型图书馆则会采用租赁或购买等方式来取得网络中的数据库使用权。图书馆在保障数据安全的过程中,最主要的是保护数据库中的文献资料的安全。数据库中的文献资料连接着图书馆的数据管理系统和服务系统,管理系统主要是馆员使用计算机设备和软件对这些数据进行整理、加工、分类的工具,服务系统主要是通过网络化、智能化的检索系统即客户端对用户提供服务的系统。在数字图书馆进行运营管理的过程中,如果数据库出现了安全问题,如数据丢失、数据无法读取等,就会给其他的系统也带来"连锁"问题。

数据库出现问题时,其原因有以下几种:一是由于管理人员的失误而导致的数据库发生损坏;二是受到外部环境和管理不善的影响,导致磁场环境被破坏、发生火灾、硬件老化等问题,从而造成的数据丢失;三是在数据库为用户提供服务时,因系统出现了故障或是人员的不正确操作而导致的数据安全问题;四是数据库在联网的条件下受到了外部的攻击,使网络中的黑客破坏了安全系统,给数据造成的丢失或损毁;五是计算机病毒带来的破坏。图书馆工作人员在使用数据库管理软件,或在网上采集文献数据时,也容易让数据库的计算机感染病毒。一些危害较大的病毒不仅会破坏计算机系统,也会让数据出现丢失等问题。

总之,在互联网的环境下,数字图书馆面临的安全威胁是随时都可能发生的。一旦出现了安全问题,就有可能造成不可预估的损失,轻者会造成系统的停用或部分数据的完整性被破坏,重者则会影响整个图书馆数据库的安全。

四、数字图书馆安全问题解决策略

(一)加强管理,提高安全意识

在信息时代背景下,信息安全问题已经成为各个行业都需要重视的问题,如果不加以重视,有可能给社会发展和国民经济带来重大损失。数字图书馆的建设,也需要从整个社会的信息安全高度入手,提高信息安全意识,建立完善的安全防范机制。我国目前面临着现代化与信息化的关键阶段,信息化是我国实现创新发展,推动产业转型的重要技术条件,每个行业的信息安全都与社会全局的发展和国家安全密切相关。图书馆的管理人员需要加强信息安全知识和意识的培训工作,积极引进先进的信息安全技术,构建信息安全的管理机构,让每个工作人员都具有信息安全的意识,才能让图书馆的安全工作步入科学化的轨道。

(二)完善和加强数字图书馆计算机系统的安全管理功能

完善和加强图书馆的数据库和信息管理系统的安全,需要从内部着手,避免工作人员因疏忽或是故意而产生安全问题。对于系统的安全,需要加强管理者访问系统的密码和权限管理,按照安全级别的不同设置严格的权限制度。工作人员也需要不断更换自己的访问密码,避免被他人盗用。

(三)建立健全各项规章制度

维护图书馆的信息安全,需要从制度方面做出保障。为此,图书馆首先要建立专门的信息安全管理和监督机构,要有领导和专业人员构成信息安全制度建设、安全体系建设和监督管理的机制。其次,要引进先进的安全技术,加强对人员的培训,在基层工作中也需要实现安全的互相监督。最后,要明确责任体系,在安全责任方面应落实到个人,制定奖惩机制,让员工能够提高责任意识,切实保障自己本职工作范围的安全。

(四)加大投入,提高网络安全性

要提高网络信息安全水平,必须有较好的安全技术为支撑。为实现这一

目的,必须加大对网络安全技术的投入。数字图书馆信息资源安全是一项动态的、整体的系统工程。从技术上来说,数字图书馆网络安全包括安全的操作系统、杀毒软件、防火墙、入侵检测、网络监控、通信加密、安全扫描等,网络信息安全技术由加密、数字签名、认证、审计、日志、网络监测及安全性分析技术等多个安全组件组成,一个单独的组件是无法确保图书馆网络的安全性的。

(五)采取切实措施,确保数据库安全

数字图书馆在建设过程中,在建设数据库的过程中,更需要为其建立相关的安全系统,其中主要包括安全的数据管理系统和网络防火墙系统等。对于图书馆的大数据管理来说,需要结合实际情况建立专业化的信息管理系统,管理系统能够帮助馆员进行文献资源的加工、整理和分类,并为外部的读者提供服务。为了确保信息的安全,在管理数据的过程中,还需要有相应的权限系统、日志系统和其他的加密程序,在馆员访问和使用图书馆过程中起到防护作用。同时,在互联网环境下,防火墙系统也是十分必要的,有效的防火墙能够抵抗互联网内大部分的非法访问,避免数据库遭到各个方面的攻击。

1.为数据库建立齐全的保护措施。目前,在大数据管理方面,市场中有多种不同的管理系统。图书馆在选择系统时,既要考虑这些系统的功能性,还需要确保系统有着健全的安全保障。有些系统还应该包括灾害应急系统,能够对数据进行保护和备份。

2.图书馆在数据库的硬件管理上也要符合安全标准。在建设数据库时,图书馆所选择的硬盘、电源等重要的硬件要具有可靠性,能够具有较长的寿命,在运行时能够高速稳定。另外,数据库机房建设也需要满足安全的标准。

3.通过数据备份来保障安全。数据库在运营过程中,可能会受到各种意外的情况而导致数据出现破坏。因此,对于数据库中的重要数据文献来说,建立备份是一项十分重要的保障。图书馆在管理数据库的过程中,应该按照工作需求做好数据备份,当数据库出现了不可修复的问题时,可以用备份数据来弥补损失。

4.加强系统对计算机病毒的防御工作。计算机系统中不可避免地会受到计算机病毒的影响,病毒既有可能来自网络中的软件和数据,也有可能存在于外置硬件设备中和数据文件本身,具有很强的隐蔽性。要想防范计算机病毒,通常需要在计算机系统中安装杀毒软件,杀毒软件可以防御网络和设备中的大部分病毒,在使用过程中要定期对计算机系统和存储设备进行查杀,同时还需要按照病毒的变化而进行更新。防范计算机病毒,还需要工作人员能够正确地使用图书馆中的计算机和管理系统,工作人员日常工作使用的计算机要与数据库系统能够实现分离。在使用软件和浏览各类邮件、各类网站时,要注意对病毒的防范。

5.针对信息安全建立工作制度。图书馆的信息安全管理工作需要完善的制度支持,能够通过科学的工作流程和措施来保障信息的安全:一是要加强对人员的权限管理,让工作人员能够有序地对数据库进行管理;二是要加强硬件上的维护,防止出现火灾、潮湿、电磁环境恶化等意外情况;三是要落实责任制,加强对管理人员的监督;四是要通过技术上的引进来保障数据库的信息安全。

(六)加强制度和法律建设

随着数字信息在社会生产生活中的重要性不断提高,数字信息已经成为规模庞大的重要资源,图书馆所建设的数字馆藏规模也随之扩大,并且在图书馆的馆藏体系中具有更加重要的地位。当数字文献信息变得规模更大、作用更大时,也会遇到越来越多的威胁,信息安全的问题也就变得更加重要。因此,我国在大力推进社会生产的信息化时,信息安全也需要通过制度和法律建设来加以巩固。国家所推行的相关法律与制度将是我国实现信息自主和信息安全的根本保障:一是通过法律的制定,激发我国信息安全技术的创新发展,使其产生更重要的作用;二是法律和制度能够为社会各个行业的信息安全提供指导方向,能够让人们清晰地认识到信息安全防范的重点,预防信息犯罪。当信息安全出现威胁时,各个机构和个人都能用法律手段来维护自己的权益。

近些年来,我国为计算机产业和信息产业的发展制定了一系列的法律法规,其中包括技术领域和信息服务领域的行业法规,同时我国的刑法也对计算机犯罪问题做出了规定。这些法律和法规都是图书馆在建设数字平台时的重要参考依据,能够为计算机和互联网行业创造更加安全的环境。在建设数字图书馆的过程中,管理人员和工作人员都应该加强对信息安全法规的学习,提高自己的法律意识,能够结合相关法律来建立信息安全防御体系,在遭受不法攻击时能够维护图书馆的基本权益。

法律和法规的不断完善,虽然能够使图书馆在遭遇信息安全事件时加强对自身利益的保护,但网络环境中的计算机犯罪具有很强的隐蔽性和变化性,法律也难以覆盖所有的领域。有些黑客和不法分子依然能够找到法律上的漏洞,给数字图书馆带来危害。在法律的基础上,图书馆依然需要加强安全技术的建设,对信息安全问题进行防范。相关人员也需要认真学习法律,提高法律意识,按照法律和法规的要求来进行数字图书馆建设与管理,从预防的角度来维护图书馆的信息安全。

总之,图书馆的信息安全是其走向信息化发展的重要环节,也需要从制度、法律、技术和人员管理等方面构建安全防范体系。图书馆需要利用法律武器来维权,能够按照法律法规的要求来开展活动;要通过先进的安全技术建立防火墙、数据存储和病毒防御机制;要加强对管理人员和馆员的信息化教育,提高内部人员的信息安全意识和信息技术应用能力。在信息安全形势多变、复杂的情况下,信息安全体系的建设主要是从内部入手,加强对各类安全因素的管理,以预防为主,对图书馆的数据库和信息系统提供保护。

第三节 高职院校数字图书馆信息资源共享管理机制的构建

信息技术的快速发展,为数字图书馆的快速发展创造了良好的环境。传统的图书馆也必须加强信息化的建设,使数字图书馆成为文献馆藏和信息服务的主要平台。数字图书馆在提供信息服务时,也能与互联网进行连接,为用户提供智能化的信息服务,并且打破了传统的图书时空局限。数字图书馆在建立馆藏资源和提供信息服务的过程中,也体现了文献信息的共享性,让不同地区的图书馆能够建立一个整体的信息服务平台,并与其他类型的信息网站形成资源和用户的共享。高职院校在建设数字图书馆时,需要借助互联网、大数据等技术的优势,改变院校资源不足的局面,加强与整个互联网环境的融合,形成资源共享的管理机制。

一、数字图书馆信息资源共享的概述

在互联网的环境当中,信息资源进行交流的主要方式就是进行共享,从而也产生了信息技术条件下的共享经济发展。共享经济就是借助互联网的便利性,让所有生产要素能够在不同主体间进行共享和交流,其中包括技术、理念、信息、人才等方面的共享。高职院校的数字图书馆要想实现资源共享,就应该利用网络技术与外部的大型图书馆和文献信息的生产机构建立合作关系,共同建设一个可以开放共享的文献资源库,在不同的机构之间实现各自优势资源的交换。图书馆信息资源共享机制的实现,也需要得到社会信息环境发展的支持,其中包括技术领域的发展,即各个主体能够创造出更先进的信息共享模式,如大数据、云计算、新一代通信技术和人工智能技术;文化制度的建设,即政府要为共享经济的发展提供政策支持,创造良好的文化环境,引导个体和企业能够参与到资源共享模式中。

二、我国数字图书馆信息资源共享管理机制的现状

(一)信息资源的浪费问题和重复建设问题影响了图书馆的资源共享

我国在发展数字图书馆的过程中,许多图书馆都是独立进行信息化建设的,数字图书馆受到地区和所属单位的影响较大,不能与时俱进。因此,许多图书馆的信息资源建设都是重复的,也存在较大的资源浪费。由于社会中还没有形成统一性和整体性的数字图书馆规划与建设标准,不同的图书之间在技术、管理模式等方面无法实现融合,制约了信息资源的共享能力。数字图书馆在发展过程中也存在竞争,这就导致许多图书馆不愿意分享自己的优势资源,以免影响一些图书馆的地位和权威性。另外,图书馆也受到地区和所属单位的限制,使图书馆之间存在壁垒。由于数字图书馆的建设经验不足,许多图书馆在建设数字化文献馆藏过程中也存在数量过多而质量不足的问题,导致了文献馆藏资源缺少实用价值,限制了资源的共享。

(二)信息资源共享与知识产权之间产生的矛盾

在各类图书文献和知识成果进行数字化发展的过程中,由于会在网络环境中不断被传播和复制,很容易引发版权的侵犯。因此,数字资源的开放共享始终与知识产权保护存在矛盾。我国的网络发展环境还不够健全,导致了社会中存在许多侵害知识产权的问题。其中包括非法的信息盗取:用户对于各类数字文献的复制、使用盗版软件、各类企业和媒体在未经许可的情况下对网络资源进行再加工等。许多知识产权的侵害问题也无法得到法律的认证,许多现象也难以界定出是否侵权。按照知识产权的法规,任何一个原创的文献都应受到保护,如果没有得到版权方的认可,则不能被随意使用。但图书馆在收集网络中的文献时,也难以完全与文献的著作权所有者建立联系,而有些数字文献也难以准确地界定其著作权所有者。因此,图书馆在收集和加工文献时,也难免会产生版权的纠纷问题,这需要法律法规能够针对数字版权和数字资源共享做出调整。

（三）数字图书馆在建设经费上的不足

高职院校要想建设功能完善的数字化图书馆，就需要为其引进先进的技术，采购多种信息化设备，并加强数字文献馆藏的建设，这些工作都需要学校投入相当高的经费。高职院校所掌握的资金都是政府教育经费的一部分，在建设数字图书馆中也很难获得更多的资金，要想获取图书馆建设的专项资金，学校还需要得到教育部门的支持。

（四）高职院校的图书馆缺少专门的信息管理人才

数字化图书馆的建设，需要有专业性的团队来进行管理。数字图书馆的管理主要包括对数据库的管理、信息系统的管理和数字文献的采购等。但学校中的许多图书馆工作人员掌握的都是传统的图书馆知识技能，对于信息技术的掌握能力不足。许多学校的数字图书馆在管理过程中都存在工作人员不专业的问题，同时因为学校的资金有限，使其难以引进更加优秀的技术人才。

三、构建数字图书馆信息资源共享管理机制有效策略

（一）健全信息资源共享的管理机制

信息资源共享的管理机制需要从社会与图书馆内部共同建设：第一，政府和社会应该吸收先进的信息管理经验，为图书馆之间的信息共享提供可以参考的规划和政策。全社会应该积极共建信息共享平台，大力发展数字经济，为信息共享提供保障。第二，高职院校的图书馆也应该建立管理体系，设置管理人员的责任制。第三，建立信息资源管理的决策和监督体质。信息资源贡献要实现内部监管和外部监督优质协作，在内部通过学校的领导机构保障管理制度的公平。在外部要加强与图书馆用户之间的联络，积极收集反馈信息，让用户能够对图书馆的工作进行监督。第四，建立工作激励制度。图书馆在组建管理团队时，要加强监督和奖励制度，对于一些做出成绩的工作人员，要给予更高的奖励。同时，要建立监管机制，让图书馆的信息化管理实现规范化发展。

(二)健全信息安全保障体系

数字图书馆的发展需要依托计算机技术和网络技术的发展,数字信息的共享正是通过互联网实现了不同设备的联通。但在互联的过程中,网络也难免受到计算机病毒和非法攻击的影响,从而给数据信息带来安全隐患。因此,数字图书馆在数据库建设和网络共享过程中,都需要健全安全保障体系:一是在使用管理系统和各类软件时,要保障信息安全,其中包括图书馆内部的数据安全和用户数据的安全。图书馆要引进先进的软件和技术,并配置杀毒和防火墙系统。二是加强对数字图书馆的维护,建立安全运行环境。为此,图书馆应组建信息管理团队,加强对软硬件设备的维护。

(三)建立图书馆的经费管理体系

高职院校在建设数字图书馆时,需要拥有充足的经费来源,其中包括数据库和信息系统的建设经费、数字文献馆藏的建设经费和工作人员的人力管理经费等。高职院校的主要经费来源是政府教育部门的投资,还可以吸纳社会上的无偿捐赠。在建设数字图书馆过程中,高职院校应该拓宽融资渠道,建立专门的经费管理机制,解决学校图书馆经费不足的问题。

(四)加强对图书馆人才队伍的管理

高职院校的数字图书馆需要有一支掌握信息技术的专业团队来进行管理,其主要职能是加强信息管理、数据管理,进行信息服务产品开发,提高网络服务的能力等。在建设人才队伍方面,高职院校需要从以下方面入手:一是加强对图书馆原有馆员的培训,要指导他们能够学习掌握信息化管理和服务的技术,提高馆员的服务水平;二是结合数字图书馆的管理,引进专门的信息化人才,做好系统管理、信息安全管理和服务开发等工作;三是构建相关的监督和奖励机制,鼓励人才队伍开展创新活动。

高职院校在建设数字图书馆共享体系过程中,存在经验不足、技术实力不足和资金不足的各类问题。为了确保数字图书馆能够实现高质量发展,高职院校就需要加强信息资源共享模式的研究和创新。高职院校要充分整合社会中的各类信息资源,建立信息化管理机制,探索数字图书馆发展的新路径。

四、数字图书馆信息资源共享管理机制的构建

高职院校在建立信息资源共享机制的过程中,需要推行一系列有效的措施,有效调动各类资源,使数字图书馆的资源共享体系得到完善。

(一)信息共享建设体系的创建措施

第一,要明确信息资源建设的内容。数字图书馆所包含的主要内容是进行数字文献采购、整理和存储,对此,应做到以下几点:一是图书馆要对现有的传统文献资源进行开发,有序地实现传统馆藏文献的数字化加工。为此,图书应聘请专门的人才和设备,持续开展数字馆藏的建设工作。二是要为数字文献的保存建立数据库。有条件的高职院校可以在校园内建立大数据机房,用于存储学校中的数字文献。另外,学校也可以与社会中的大数据企业合作,购买云存储数据库。三是加强信息资源的共建工作。学校图书馆要利用网络技术,加强与社会中的其他图书馆及数字文献的拥有者开展合作,加强信息资源的整合和共享,共建馆藏文献体系。

第二,运用多种途径进行数字文献的收集。在信息技术的支持下,数字文献馆藏的建设方式主要包括:一是高职院校进行数字馆藏的自建工作。高职院校图书馆在自建信息资源的过程中,要结合学校的特征和传统馆藏文献的特色,创建馆藏文献体系,发挥本校的学科优势和学术研究优势。二是与其他机构进行共建工作。在网络环境下,高职院校应该将馆藏资源建设扩展到整个社会中,与社会中的公共图书馆、科研院所和信息平台开展馆藏的合作共建。各个机构应该加强不同优势资源的整合共享,在技术、资金、人才等方面建立合作共同体,并通过馆藏共建共享文献资源成果。三是积极购买数字文献。高职院校在建设数字馆藏时,需要在社会各界收集文献资源,应该重点收集各个单位和学术机构中产生的新文献成果。四是借助社会中的专业机构来进行委托建设。高职院校在资源不足的情况下,可以邀请社会中的

专业机构进行图书文献建设。

第三,高职院校数字图书馆需要进行数字资源的共享,应坚持以下的原则:一是要坚持数字馆藏建设的标准化。在建设馆藏信息的过程中,坚持数字文献信息的行业规范和标准,会让图书馆能够更好地进行信息资源共享。二是要让多种文献类型能够共同发展。图书馆要让印刷品文献和数字文献产生互相补充的作用,以便让图书馆的馆藏体系更加完整。三是让图书馆的经费能够实现有效利用。在进行设备建设和馆藏文献购买时,图书馆要抓住重点方向,制订经费使用的计划,使各方面的工作能够得到平衡。四是加强馆际之间的文献资源共建工作。高校图书馆应该与社会中的其他图书馆进行数字馆藏的共建,将分散的信息资源整合起来,实现文献在馆际之间的共享。

第四,高职院校在进行信息资源共享的具体方法。高职院校在进行信息资源共享时,既要与其他图书馆保持合作,也需要结合本馆的实际情况采用具体的工作方法:一是要从技术角度提高图书馆的信息共享能力。数字文献的建设和应用都需要围绕外部环境的变化而做出调整,需要图书馆能够引进先进的信息技术,提高文献采集、加工、整理和应用的智能化,用技术来弥补图书馆工作的不足。二是要提高馆员的信息技术应用能力。数字图书馆具有智能化、自动化的特征,也需要馆员能够掌握先进的技术。通过图书馆的技术管理和创新工作,高职院校图书馆才能适应信息产业发展的潮流,保持技术上的领先。三是要加强馆际合作和产权经营。数字图书馆在信息共享时,要发挥各个图书馆在文献馆藏上的优势,实现优势资源的整合。同时,还需要切实保护产权,维护版权所有者的利益。产权保护要与信息安全体系的建设结合起来进行,在图书馆建设数字馆藏和对文献进行整理过程中,需要配备相应的安全保护措施。要通过智能化的管理系统为信息资源设置保密措施和使用权限,避免工作人员和用户对知识产权造成损害;四是高职院校在建设数字图书馆时,要实现跨地区和跨行业的馆际共建共享。高职院校图书馆在合作共建时,应发挥本校学科建设的优势,为社会中的公共图书馆提供更多的专业文献成果,让学校图书馆在社会教育中产生重要作用。同时,各个地区之间也应加强学校图书馆的合作共建,发达地区的院校应该对边远地区的院校提供资金和技术的支持,促进信息资源在各个地区的均衡发展。

(二)实现集团购买共享机制

高职院校在建设数字图书馆时,重点工作是建设好数字化的文献馆藏,除了对传统的文献进行数字化加工外,图书馆还应结合社会中知识信息的进步,采用购买的方式引入先进的文献资源。但在数字文献购买时,仅凭院校自己的能力无法承担高昂的成本,这需要图书馆实现校际、馆际合作,开展集团购买。数字文献的集团购买需要合作的图书馆能够协调资金投入、明确各自的任务,将整体的购买计划分摊给各个学校的图书馆,之后再建立一个整体的共享数据库系统。同时,集团购买还需要各个图书馆能够使用统一的数字管理平台,让文献按照同一种规格进行存储和应用。集团购买可以有效地降低单一图书馆的建设成本,使学校发挥各自的优势,避免信息资源的重复建设。

数字资源的集团购买应按照以下的方法来进行。

第一,各个图书馆需要明确本馆对于数字文献的需求,应按照学校学科建设和教育的目标来选择所要购买的图书文献。在进行需求组分析时,应对信息资源的价值、成本、用途等进行具体分析,让各馆的馆藏文献能够突出特色和重点。

第二,在进行购买时,要与数字文献的供应者建立合作协议,在采购和整理过程中,也应建立图书文献的试用机制。图书馆要利用信息服务系统让用户对新的数字文献进行试用体验,从用户中获得反馈信息。

第三,数字文献的采购和评价。图书馆在购入一批数字资源后,需要将其进行分类和整理,使其形成有价值的馆藏文献。同时,图书馆在采购过程中,也需要邀请专家进行评价,来分析这些资源的经济价值和学术价值。

(三)数字图书馆信息资源共享服务机制

数字图书馆信息资源共享服务是指通过本地服务器或网络服务器提供

数字图书馆信息服务。包括共同建设联合目录实现共享服务、在线数据库服务、学科导航服务、文献传递服务、数据访问等。在线数据库服务的共享通过参建馆共同采购的数据库才能实现，如文献传递、学科导航、开放存（获）取。

1.共同建设联合目录，实现数字资源共享。联合目录又称联机公共目录查询系统，是馆藏文献的缩影，是识别和检索馆藏文献的工具，是查找图书馆馆藏文献的线索和依据。其功能从本馆本地资源向异地、远程资源扩展，从单一的书目查询向全文检索，甚至各类型资源整合查询的方向扩展，从布尔逻辑式检索向人性化、智能化检索功能发展。

2.共同购买数据库实现共享。单一图书馆购买的数据库不能够共享，只有多个参建馆建立图书馆联盟协商购买用户需求的数据库，通过共享服务管理平台在统一检索语言、统一读者认证、统一记账系统的条件下，才可实现数字资源双向互补、资源共享，提高数据库的使用率。

3.开放获取资源。开放获取是从20世纪90年代在国际学术界、出版界、图书情报界兴起，由于在出版成本经济性、信息传递时效性、获取使用的便捷性、成果扩展的广泛性等方面具有较强优势。读者通过公共网络平台不需成本就可以获取资源，主要有跨系统资源库、学科资源库、开放获取期刊等数字资源。

4.利用网络平台直接访问服务。目前，数字图书馆的信息资源绝大多数是仅限专用网络用户使用的，即通过IP限制用户的访问权限，其他用户需要通过VPN和反向代理两种方式来访问。

5.建立图书馆借还信用系统。参考银行信用系统，建设数字图书馆借还信用系统，针对违反共享管理规定的图书馆或用户。暂停对其共享服务并追究其责任；根据用户信用额度决定对其提供信息服务的开放程度。数字图书馆信息资源共享服务要以用户为中心，在继承传统图书馆服务功能的基础上。发展并创建满足网络环境下新时代用户需求的新功能，提供资源共建共享平台，为用户提供完善的信息资源。

(四)数字图书馆信息资源共享的安全机制

数字图书馆依赖于计算机网络而存在,数字图书馆信息资源共享更是如此。其建设与发展面临着数字信息安全的严峻考验,主要涉及以下几个方面。

1.软件系统的安全。软件系统是数字图书馆信息系统的核心部分,主要包括服务器系统、数据库系统、应用系统三大部分,其中服务器系统安全和数据库系统安全是信息系统安全的核心,必须采取严格的安全措施保证系统安全。

2.系统日常运行过程中的安全。首先,系统设备和远程子网及其资源在与其他网络处于连接状态时的稳定与兼容。其次,专网和外网进行传输过程中的完整性、真实性和保密性。

3.系统物理安全。系统物理安全主要包括中心机房环境安全、系统设备安全、数据载体安全等,涉及人员、气象、配套设施等多个方面。

学者认为应通过以下途径建立良好的安全策略。

第一,应对系统进行严格的安全测试和评估,减少系统漏洞,提高信息的完整性、可用性、抗抵赖性以及系统稳定性,同时制定严格的安全保密管理制度,加强管理人员的安全保密意识,利用先进的数据加密技术进行信息的存储和传输。

第二,提高管理人员的业务和技术水平,避免误操作发生。建立合理可靠的运维机制,必须定期对系统或服务器进行备份,借助网络隔离技术、网络防火墙、病毒防护软件等安全措施保证系统正常运行。

第三,应使用稳定的供电系统,系统中心机房应按照有关规定配置相应等级的安保系统,包括防火、防漏电、防潮、防盗等安全监测和报警子系统。并设置值班岗位和管理人员定期检查,必要时还应对安保系统进行年检等。

第四,可与权威的系统安全供应商合作,建立数字图书馆安全防护中心,借助安全供应商的安全防控中心和专业技术人员实时动态地为图书馆提供全方位的系统与网络安全保护。

(五)实现数字图书馆信息资源共享管理模式的办法

数字信息资源的管理包括信息安全管理、信息质量管理、信息服务管理等。针对数字图书馆信息资源的类型与特点,结合当前数字信息资源的主要服务和运作方式,本文探索了以下两种管理模式。

1.集体宏观调控。统一管理集体宏观调控,统一管理是指由统一的领导组织进行合理规划,制定统一的标准规范和管理制度,对数字信息资源进行集中、统一管理和宏观调控,联合协作。在共同遵守相关协议的基础上根据各馆的特色合理分工协作,相互联系,形成合力,避免重复建设,共同完成数字图书馆的信息资源建设。

2.个体运行管理模式。从数字信息资源实际运作角度划分。数字信息资源可以分为三种个体运行管理模式:实数字馆藏模式、虚数字馆藏模式和实虚数字馆藏相结合模式。

实数字馆藏模式是指本地存取数字信息资源,由本地存储介质提供,可以管理、控制和使用。如本地光盘、光盘服务器提供的信息资源和本地 Web 服务器、镜像站点上的信息资源以及自建数字信息资源等。

虚数字馆藏模式是指远程存取数字信息资源,由远程存储介质提供,远程授权方可进行管理、控制和使用。如数据交换中心提供的数字信息资源、数字信息资源服务商提供的数字信息资源、通过授权获得使用权的数字信息资源等。虚数字馆藏模式需要通过申请或购买等方式获得使用权,从而搭建相应的使用平台。

实虚数字馆藏相结合模式。这种模式被广泛应用。如高校数字图书馆部分资源取自本地镜像站,部分资源读取自交换中心数据或者购买使用权。

先进完善的信息资源共享管理机制对数字图书馆资源共享的建设尤为重要。是数字图书馆资源共享持续健康发展的保障。必须努力探究数字图书馆信息资源共享管理机制,从体制建设、人才培养、资源配置等多方面入手,从根本上做好数字图书馆信息资源共享工程的建设。

第四章 高职院校图书馆服务

第一节 高职院校图书馆服务的概念

一、服务的定义

服务是一种社会现象,其表现形式多种多样。目前,服务还没有一个公认的权威的定义。关于服务的定义有许多种,这里列举一些重要组织和学者给服务作的部分定义。

随着市场经济的发展,服务也成为一种经济概念,并形成了一门独立的经济门类。在17世纪,人们在进行商品贸易时,服务就已经形成,服务成为人们购买和销售商品的一种附加方式,目的是让商品更快地得到消费者的认可。当服务业成为一门独立的经济门类后,服务则可以脱离产品的生产和销售,成为各类企业产生生产活动的方式。

美国市场营销协会(AMA)把服务定义为:"用于出售或者是同产品连在一起进行出售的活动、利益和满足感。"

格罗鲁斯认为,服务是由一系列或多或少具有无形性的活动所构成的一种过程,这个过程是在顾客与服务员工、有形资源的互动关系中进行的,这些有形资源是作为顾客问题的解决方案提供给顾客的。

马克思对服务的定义:服务不过是指这种劳动所提供的特殊使用价值,就像其他一切商品也提供自己的特殊使用价值一样;这种劳动的特殊使用价值在这里取得了"服务"这个特殊名称,是因为劳动不是作为物,而是作为活动提供服务的。

服务贸易总协定(GATS)于1986年9月开始第八轮乌拉圭回合的多边贸易谈判,1994年4月15日正式签署生效。GATS中对"服务"的概念作了如下规定:"服务"包括任何部门的任何服务,但在行驶政府职能时提供的服务除外。"行驶政府职能时提供的服务"指既不依据商业基础提供,也不与一个或多个服务提供者提供竞争的任何服务。显而易见,多边贸易谈判所规范的国际服务贸易,重点是突出其相对特殊的贸易形式和国际经济往来的属性。而对"服务"本身所涵盖的内容,则除了将"为政府当局实施职能的服务"排除之外,未作具体的说明和定义。《1993年国民账户体系》中指出,服务不是能够确定所有权的独立实体。它们不能脱离生产单独进行交易。服务是定做生产的异质产出。它一般是由生产者按照消费者的需要进行的活动,从而实现消费单位状况的变化。到生产完成时,它们必定已经提供给消费者。

《国际服务贸易统计手册》2002年版中对服务的定义表述是:服务一词涵盖各种不同的无形产品和活动,很难用一个简单的定义对其加以概括。人们还经常难以把服务与货物分开,因为服务与货物可能有不同程度的关联。

美国著名的营销学家菲利蒲·考特勒1984年在《服务企业市场营销学》一书中指出:"服务是一方向另一方提供的任何活动和好处,它是不可触知的,不形成任何所有权问题,其生产可能与物质产品有关,也可能无关。"

我国理论界有人认为:"服务是指不以实物形式,而以提供活劳动的形式满足人们的某种需要。"也有人认为:"所谓服务,就是指以提供劳务来满足人们某种特殊需要的行为,和物质生产、精神生产共同构成社会生产,成为社会三大生产领域之一。"

以上各种定义,在一定历史条件下,在一定的范围内都是有一定道理的,但是又都缺乏权威性。

服务的标准定义在《服务质量国家标准实施指南》中,对服务这一服务业中最基本、最主要的定义作了如下描述:"为满足顾客的需要,供方与顾客接触的活动和供方内部活动所产生的结果。"通俗地讲,服务是指为他人做事,并使他人从中受益的一种有偿或无偿的活动。不以实物形式而以提供劳动的形式满足他人某种特殊需要。服务是一种范围非常广泛的活动,通常是指以提供劳务来满足人们某种特殊需要的经济行为,是社会发展和人们生活必不可少的劳动。

服务的定义包括三层内容。第一,服务的目的,即服务是"为满足顾客的需要"。第二,服务的条件,即服务必须"在与顾客接触"中进行。接触的形式多种多样,但不论是何种接触的形式,与顾客接触则构成了提供服务的唯一存在的条件,没有这个条件,任何服务都是无法实现的。第三,服务的内容,即供方的活动和供方内部活动所产生的结果,也就是说,服务的内容必须包括供方的活动和供方活动所产生的结果,两者缺一不可。

服务通常是无形的,并且是在供方和顾客接触之上至少需要完成一项活动的结果[①]。服务的概念至少应该包括四个基本的内容:①服务是一种无形的活动过程,它能给予服务对象以利益和满足感。②服务是与有形资源、商品或实体产品有关或相互联系的商品,具有价值并可以出售。③服务是一种行为或过程,它的产生由需求开始,结果是满足需求。④服务双方有一定交互,服务传递可以通过一定的媒介。

二、服务的分类

了解了国内外不同时期对服务的各种定义,对服务的分类也有必要予以掌握。这样可以打破行业界限,提炼服务管理原则,有助于探索相似行业之间的服务规律,进而提供更好的服务。

(一)按照服务生产过程中劳动的密集程度并结合服务的交互性、个性化程度分类

1.专业服务。服务提供者与顾客接触的时间长,服务个性化程度较高,服务生产过程能适应各种不同的顾客需求,服务的提供主要在前台进行,服务系统的组织是以人员为主而不是以设施设备为主。

---

①强丽丽,郑玉坤,支晓红.高校图书馆智慧服务在立德树人中的作用研究[J].创新创业理论研究与实践,2020(1):2.

2.批量服务。这类服务与专业服务正好相反。服务提供者与顾客的接触时间短,服务个性化程度低,服务的生产主要在后台完成,前台服务人员只能在较短的时间内做出服务判断来完成任务。这种服务对服务提供者的专业技术要求低,对服务的标准化和程序化程度要求很高,设施设备在服务系统中占有主要地位。

3.服务店铺。这类服务介于专业服务和批量服务之间,需要前台和后台的共同合作以及服务人员和服务设备设施的有机组合。

4.批量定制服务。它是随着信息技术的发展而产生的一种新型服务,在大批量生产的同时,按顾客的要求对服务产品进行个性化处理。服务个性化程度较高,服务生产过程能适应不同顾客需求,服务的提供主要在前台进行,服务系统的组织是以人员为主而不是以设施设备为主。

(二)按照顾客与服务体系的接触程度分类

1.纯服务体系。在这类服务中,顾客必须来到服务场所或服务提供者必须来到顾客所在地,他们必须自始至终地参加服务的全过程。这就对服务设施布局的设计和服务人员的现场服务提出了很高的要求。同时,服务时间也很重要,服务人员稍微耽误几分钟或先为后到的顾客服务,都会降低顾客的满意度。

2.混合服务体系。这类服务将服务提供者与顾客的面对面服务和后台辅助工作松散地结合在一起,顾客不必全程参与,只需提出服务的要求或在服务结束时出现就行了。

3.准制造体系。这类服务,顾客与服务提供者几乎没有面对面的接触。服务过程中可将各个工作程序分隔开来,使服务组织的"技术核心"不受环境的影响,而且对从事这类服务的人员的公关技能要求也比较低。

(三)按照服务行为的性质和对象分类

1.为人身服务的有形服务行为。它主要作用于人的身体,如健康服务。

2.为顾客的物品或其他有形财产服务的有形服务行为。如设备维修。

3.主要作用于人的头脑和思想的无形服务行为。如教育、图书馆服务、信息咨询。

4.为顾客的无形资产服务的无形服务行为。如保险。

(四)按照服务活动主体及其关系分类

1.自助式服务。这类服务顾客是活动的主体,即使有服务提供者介入,其比重也比较低。

2.互动式服务。服务提供者和顾客必须都出现在服务环境中,并且同时执行活动。

3.远程服务。这类服务顾客几乎与服务现场没有关系,服务人员涉入的程度也很低。内部环境对服务提供者积极性和工作效率将对服务过程起重要的作用。

此外,服务还可分为简单服务和精致服务。简单服务包含的项目少,服务方式有限,环境相对单纯;精致服务的服务过程则相对比较复杂,会涉及许多服务项目和服务环节,服务方式也呈多样化。

第二节 高职院校图书馆的服务

一、图书馆服务的定义

"图书馆服务"的概念是在20世纪90年代确立的。《中国大百科全书·图书馆学情报学档案学》中将图书馆服务定义为"图书馆利用馆藏和设施直接向读者提供文献和情报的一系列活动,有时也称图书馆读者工作"。

时任南开大学图书馆副馆长柯平认为,图书馆的服务是为满足读者和社会需求,利用图书馆的文献信息及其他各种资源,实现图书馆使用价值的全部活动。不难看出,这个关于图书馆服务的概念里包括三个要素:对象,即读者与社会;内容,即利用图书馆资源;目标,即实现图书馆的使用价值。

刘昆雄教授认为,现代图书馆服务有4个层面的功能:第一是作为休闲场所;第二是作为学习场所;第三是作为文化和信息中心;第四是作为营销机构。而图书馆每一个服务层次都是由许多具体的服务项目来实现的。

总之,图书馆服务是指图书馆面向读者所开展的服务活动或服务项目的总称。随着社会的发展、科技的进步,图书馆服务的内容和模式将不断改进和变化,图书馆服务也在不断发展和延伸。

二、图书馆的服务宗旨

图书馆作为文化教育机构,社会文献信息中心的性质与任务决定着它以服务社会、服务读者为根本宗旨。它的基本职能就是直接或间接地满足读者需求,图书馆各项工作的出发点和归宿点都立足于服务。所以说服务是图书馆的基本宗旨,是图书馆的核心价值所在。服务应该遵循开放、公益、平等、满意、创新五大原则。

(一)开放服务原则

图书馆不仅仅是一个学习、阅读场所,也是学校综合文化中心,要让读者把图书馆当成他们的"第二起居室",保证足够的开放时间,将馆藏资源和设施向读者充分开放:第一,所有馆藏全部开放利用。第二,尽最大努力实施开架借阅。第三,经常进行馆藏宣传。第四,馆与馆之间相互开放资源,实现资源共享。第五,全面揭示馆藏,健全检索体系。

(二)平等服务原则

图书馆是体现人类自由与平等理想的圣地。"图书馆面前人人平等"是图书馆界的"人权宣言",要求图书馆人以博爱精神关爱每一个读者,尊重每一个读者。

(三)满意服务原则

读者是否满意是衡量图书馆服务的最终标准。满意是图书馆服务的核心,它表现在三个方面:一是读者对文献是否满意;二是读者对图书馆馆员的服务态度、服务能力、服务效果是否满意;三是图书馆业务建设、制度、服务项目及设施是否反映读者利益和需求。

(四)创新服务原则

第一,理念创新。首先,服务是一种品牌,服务是一定的规模和馆藏,或某一信息产品,或某一特色服务。如果这些服务在同一行业中形成差别优势,那么这种优秀就是品牌;其次,服务是一种文化。图书馆特有的知识底蕴、人文环境、行业规范、价值追求都衬托着图书馆服务的文化品格,它象征着图书馆服务的高尚与高雅、神圣与光荣。

第二,内容创新。图书馆服务的内容急需拓宽,主要趋势是加大信息服务和"便民服务"的内容。在信息服务方面加大网上信息导航服务,在便民服务方面加大延伸服务、定制服务力度(如技能培训、服务咨询等)。

第三,方式方法创新。就是改变以往单一的馆藏文献的外借与内阅服务模式。利用现代网络平台提供各种数据库服务、多种在线或离线信息服务(如信息推送、知识发现、网络呼叫、智能代理等),使我们的服务具有较强的智能性、实用性和交互性。

第三节 高职院校图书馆创新服务

一、图书馆服务模式的演变

(一)图书馆服务模式演变的必然性

图书的服务模式会受到经济和社会文化的发展而形成新的模式。当前的社会发展,主要是以信息技术和知识经济为主,让社会各个行业更加重视信息资源,以知识创新为重要的生产力。知识经济也与网络技术的发展相互适应,网络能够加快信息的传播,并为知识经济的形成创建基础的平台。

我国在促进信息化和知识经济发展过程中,围绕着创新体系的发展,提出了一系列的国家级规划和设想,按照创新驱动的整体理念,持续开展知识创新、技术创新等科技工程,加快了高校、创新机构和知识人才的发展。国家的创新发展工作主要是在政府的指导下,促进市场中的资源向知识创新领域集中,促进信息、知识、技术等创新要素的合理配置。在国家创新驱动理念的带动下,图书馆也需要在知识的传播、服务和存储过程中发挥更大的知识信息集散作用。无论是公共图书馆还是学校图书馆,都应该加强馆藏文献建设,形成传统文献与数字文献的融合发展,促进图书馆自身的信息化建设,积极融入信息技术和网络技术,为更多的用户提供知识教育和信息服务。

随着我国信息化基础设施的完善以及知识经济在社会中的兴起,越来越多的企业、社会机构和个人都在网络平台中实现了信息的合作与共享,信息的传播对社会经济的发展产生了巨大的推动作用。知识经济发展的关键要素就是向用户提供信息服务,让有价值的知识信息能够满足社会发展的需求。信息社会的显著特征就是知识信息的总量快速增长,用户对于知识的需求不断发生变化。图书馆在知识经济的发展过程中,需要加强数字化、网络化的知识文献整合,并且按照社会的需求来开发信息服务产品。[①]

(二)传统图书馆服务模式的特点

图书馆在传统的服务模式中,主要是收藏社会中出版发行的印刷品文献,图书馆要建设图书馆馆藏库,并通过读者的借阅来提供信息服务。但传统的图书文献在服务范围上十分有限,只有读者来到图书馆才能接受到图书馆中所馆藏的各类知识文献。

因此,传统图书馆主要功能是为了进行知识成果和图书文献的保存与延续,图书馆的借阅服务不是其主要的功能,而且能够访问图书馆的读者始终是有限的。传统图书馆在设施建设和管理体系建设的主要任务也是加强对图书文献的保存和管理。在提供服务时,一般通过图书馆的外借、馆内阅览

①徐健晖.网络环境下专业图书馆用户信息服务探究[J].2017(1):51-54.

室和开放书架的建设来提供服务。这种服务模式具有单一化的特点,其服务功能并不强。

1.传统图书馆以封闭型的建设模式为主。传统图书馆在建设过程中,通常作为政府和社会单位中的基础文化设施而存在,图书馆的建设受到社会文化环境、投资环境等要素的限制。图书馆的设施建设、馆藏建设都是自我封闭式的,只会为特定的对象而服务,在馆藏建设中要求小而全,能够满足自身的要求。例如,我国在计划经济时代,除了各地都独立建设公共图书馆之外,许多公有制单位和公共机构也会独立建设图书馆,这些图书馆之间不会产生联系,都是凭借地区和所属单位的能力来进行设施建设和馆藏建设,图书馆也只对相应的读者群体提供服务。如我国的教育系统都会独立建设图书馆,各个学校的图书馆只为自己学校的师生服务,学校之间也不会在馆藏文献和服务过程中进行开放共享。

2.图书馆是一种能够为目标读者提供免费的服务公益性质的机构。我国在20世纪初期,受到西方国家在文化、教育和经济发展等方面的影响,也开始在各地建设公共图书馆。在新中国成立之后,公共图书馆就成为社会公共服务体系中的一部分,由政府提供资金进行建设和提供公益服务。图书馆在进行馆藏建设时,只要由政府提供经费,吸收社会投资能力较弱。同时,图书馆也被单位一种公共事业单位进行管理,在提供管理和服务方面也难以同社会中的商业机构竞争。随着知识经济的发展,公共图书馆的公益性也需要得到保障,但在进行数字馆藏建设和提供信息服务时,也会受到网络平台和市场经济的冲击。

3.传统的图书馆是一种被动的服务模式。图书馆的服务有被动和主动两种。被动的服务模式主要是指图书馆为读者使用馆藏资源提供便利,读者通过访问图书馆并进行自主的借阅来获取信息。主动的服务方式主要是指图书馆能够将馆藏资源开发成信息服务产品,通过主动的宣传来得到读者认可,加快知识信息的传播。传统的图书馆一般都会以被动的服务模式建设为主,在提高服务效率的过程中,一般会通过馆藏资源的完善,管理方式的改革和内部借阅环境的改善来吸引读者。这种方式也会让图书馆和馆员缺少创新能力和主动性,使图书馆服务的范围受到限制。

4.传统的图书馆读者对象相对单一。我国传统的图书馆包括政府建设的公共图书馆和其他机关单位建设的自属图书馆。公共图书馆的服务对象主要是所在城市的居民。而各个机构单位的图书馆则主要是单位的人员提供服务,通常不会对外服务[①]。这种图书馆的建设模式使其面对的读者群体比较单一,图书馆之间也难以共享用户群体,无法实现服务方式的共享。对于高校图书馆来说,其主要的服务对象就是本校的教师和学生,图书馆为了保障服务功能,也不愿意主动地向社会开放,但这种方式也让图书馆中的馆藏文献的利用率无法提升。在信息化的冲击下,图书馆服务对象的单一性,导致了这些图书馆难以在社会经济的发展中发挥更大的作用。

5.传统图书馆所进行的浅层次服务。传统图书馆主要是对社会上发行的各类图书、期刊等文献资料进行保存,并为读者提供这些原始文献。图书馆所提供的服务不会进行深度的加工,使读者只能从这些原始文献中自主地提取有用信息。这种浅层次服务方式在信息社会的知识传播中难以发挥优势。

6.传统图书馆在文献管理方面存在的局限。传统图书馆的工作人员在整理和加工文献时,主要是进行一种粗加工,工作人员所做的都是一种重复性的劳动,难以体现创新性。传统图书馆的文献工作主要是对文献进行采访和购买,再进行编目等工作,之后进行入库管理。这些工作的工作量较大,但重复性较强。传统图书馆的规模和质量标准都是以能够收藏文献的数量为主。这些标准会让大部分馆员都投入文献信息的整理和加工工作中,难以实现以服务为主的管理模式。

7.机关型结构。图书馆隶属不同的行政机关。图书馆的办馆方向、业务发展、采访方针、读者对象、人员和经费均由上级机关确定,图书馆必须对上级机关负责。因此,图书馆成了行政办事机关,一定程度上与社会的需求、政治经济的发展相脱节。

①贾红丽.关于高校图书馆中读者服务的创新[J].文化创新比较研究,2018(6):2.

(三)网络环境下图书馆服务模式的变化

信息化的发展和互联网通信方式的普及,让社会中独立存在的企业、机构和个人都以信息化的形式连接为一个整体,形成以互联网平台为基础的信息交流模式。图书馆在这一发展进程中也必然要打破传统的封闭模式,让图书馆的服务方式更加开放。同时,信息时代促使知识信息成为更加重要的资源,让社会中的每个成员对知识信息的需求不断增长。因此,图书馆应围绕信息化的发展,改变馆藏建设和服务模式,以信息服务为导向实现改革。图书馆的信息化,使其服务方式产生了以下的变化。

1.由封闭式服务改为开放式服务。图书馆在信息社会中,要尽量打破原有的服务壁垒,能够主动对读者群体开展服务:一方面要创新信息服务的模式,以网络化和数字化的信息服务产品服务大众,利用网络平台拓展图书馆的服务范围;另一方面要提高图书馆的服务环境和服务质量,图书馆应加快智能化文献服务系统的建设,为读者提供更加方便、快捷的信息检索和获取方式。同时,要改变原有的服务理念,提高馆员的服务态度和服务能力。

2.在提供信息服务时实现公益服务与有偿服务的融合。图书馆在进行数字信息资源的开发时,也需要开发出新的信息服务产品,可以通过有偿服务的方式让用户群体购买。有偿服务具有服务精细的特点,是通过图书馆工作人员的劳动创造的新的知识信息成果,能够满足用户对知识信息的深度需求。同时,有偿服务也可以让图书馆获得更多的资金来源,让图书馆更具市场经济的竞争力。图书馆通过公益服务对大众提供知识信息,通过有偿服务对特定用户提供知识技能教育和信息咨询,会更有利于体现知识信息的价值。

3.在被动服务的基础上加强主动服务。图书馆通过信息网络的建设,可以将自身的服务范围向社会各个行业和各个区域拓展,使用户对图书馆资源的利用率显著提升。在传统开展被动服务的基础上,图书馆也应开发主动服务的业务,让馆员能够深入社会,主动推介自己的服务产品。例如,一些图书馆可以运用自身的知识成果优势,主动与社会中的创新企业提供服务,其中包括在社会创新过程中,为成长型企业提供信息咨询服务。图书馆也可以积极开展教育、培训、图书文献推介、学术成果交流等方面服务,让图书馆成为综合性的知识信息服务平台。

4.从大众服务向精准服务转型。传统图书馆的主要功能是让大众能够共享图书馆中的馆藏资源,但在服务过程中不会体现信息服务的差异性。在信息社会的发展中,用户所需求的知识信息则更加精确,用户的个性化需求才是体现信息价值的关键。为此,图书馆应该深入分析用户群体的需求,对馆藏资源做出分类,按照社会中的一些迫切需求来开发信息咨询服务形式。例如,城市公共图书馆可以针对城市的历史、文化和相关政策,为城市的规划建设提供信息服务。地方图书馆应针对地方在支柱产业、新兴产业的发展构建专门的馆藏专题,为区域内的创新企业和人才提供知识服务。

5.从单一服务向多元服务转变。在知识经济发展的背景下,图书馆所提供的服务也必然体现社会的多元化需求。传统的图书馆服务主要是进行文献借阅、信息查询和信息咨询等,难以满足用户多方面的需求。而图书馆在实现设备的智能化和服务的网络化后,就可以信息技术为基础,不断拓展自己的业务范围。其中也包括知识信息的主动生产开发、信息的传播等。

6.为图书馆打造出一套以知识为向导的管理模式。传统图书馆在馆藏资源建设和文献服务过程中,馆员只能参与一些简单重复的劳动,无法体现图书馆在知识信息资源上的优势。在信息化的发展中,图书馆要提高馆员的业务能力和范围,使其能够成为信息服务的主要推动力量,提高馆员在信息传播、生产方面的作用。例如,图书馆可以利用自己的网络服务平台,建立自己的信息专家咨询队伍,让馆员利用图书馆中的文献信息资源,对用户提供专业性的知识信息服务,使图书馆的运营管理模式体现知识性和智力性的特征。

7.加强图书馆在创新经济发展中的作用。我国在实现产业信息化的转型过程中,要以创新为主要驱动力量,全社会都需要参与创新活动,共创良好的创新氛围。图书馆在各地创新经济发展的过程中,要深入参与企业、机构的科技成果研发和产业转化活动,为社会中的创新活动提供知识信息方面的支持。例如,图书馆可以在创新成果孵化、中小企业培育等活动中与政府、工业园区开展三方合作,共建产学研协同化发展的地方经济发展模式。

二、图书馆创新服务理念

关于图书馆服务理念创新,国内学者已有不少论述、归纳。图书馆在为社会提供知识信息服务的过程中,也需要树立创新发展的理念,在提供服务时体现以读者需求为中心的基本观念,在传播知识信息的过程中体现人文思想,带动广大群众提高精神文化素质。

(一)图书馆理念创新的内容

图书馆的创新发展应坚持以人为本,让图书馆在现代社会中的基本精神得到体现。

首先,要在理念创新过程中体现知识自由和平等的观念。图书馆要公平地为各类读者提供知识服务,要避免一切歧视行为,能够让用户在图书馆中得到公平待遇。对于社会中的知识弱势群体,图书馆要通过设施建设和服务体系建设,让他们能够在图书馆中得到公平对待,满足他们对于知识文化信息的需求。

其次,在创新和服务过程中体现以人为本。图书馆的服务体系建设需要满足用户的基本需求,并为各类用户提供人性化的服务。因此,图书馆当中的设施建设、人文环境构建和服务体系建立,都应该遵守这一原则。图书馆中的人文思想与人文关怀是图书馆基本文化和基本理念的一部分,是图书馆及其中的工作人员应坚持的基本职业道德和建设规范。高职院校在建设图书馆时,也需要向教师和学生群体提供人性化服务,图书馆的工作人员要以自己的热情服务体现服务中的人文关怀。以人为本的服务能够将图书馆文献的知识文化理念充分表达出来,为图书馆创造良好的人文环境。

最后,图书馆在面向信息社会发展时,要坚持创新精神,提高社会竞争力。在信息社会中,信息资源在网络平台中快速传播,给人们提供了多种信息沟通的渠道。一些以信息服务为主的市场主体也能够成为知识信息的传播者,这给图书馆的发展带来了更多挑战。图书馆在发展过程中要加强创新,提高馆员的服务能力,充分发挥自身的资源优势,在信息社会的竞争中拓展发展空间。

(二)图书馆服务理念创新的实质

图书馆理念创新的实质要体现在人的理念创新方面,即无论是管理者还是面向用户服务的馆员,都要学习新的服务理念,提高自身的服务意识和服务能力。图书馆中的管理者和馆员应该树立为用户服务的重心思想,加强在管理服务业务上的创新,制定新的服务标准和服务内容。

在信息高速发展的过程中,知识成果的创新日新月异,图书馆所掌握的信息资源随时都可能陷于落后局面,脱离用户的需求。而社会中的用户也会受到信息网络的影响,对知识信息的需求产生变化,例如,网络环境中的用户追求更快、更细和更能体现个性化特征的知识信息。围绕信息市场的变化,图书馆也需要改变传统的信息服务模式,加强服务理念创新,按照用户的需求来推出新的产品。

(三)图书馆服务理念创新的必要性

在信息社会的发展过程中,社会上的思想、理念和文化形式经常处于动态发展的状态,新的思想理念和知识成果迭代速度不断加快,而社会中形成的信息技术和信息媒体传播手段也会快速产生变革。在当前的社会中,人们获取知识信息的主要方式是借助于网络,网络中的各类信息平台占据着巨大的优势,传统的文化机构在信息领域的影响力正在变弱。图书馆要想适应信息社会的发展环境,也需要在保持图书馆优势的同时加强思想理念上的创新。其中最主要的理念创新就是将图书馆转变为为用户提供服务的信息平台,强调服务在图书馆事业中的重要地位,按照信息市场的需求来开发产品。

由于信息技术的快速发展,社会中的创新能力也不断加强,这使得知识的生产和信息载体的变革速度加快。社会中会不断产生新的知识成果,从而替代了原有积累下来的知识文献。图书馆要适应这种变化,要清楚地知道图书馆中保存的许多文献都会出现落后的问题,导致用户难以使用这些资源。图书馆要通过数字馆藏的建设,保持知识信息的更新效率,进入知识成果的前沿领域。

第一,图书馆在提供传统的馆藏和文献借阅服务时,通常依赖原有的馆藏文献。在信息社会中,用户处于提高知识技能的需要,会更加关注社会中的新知识成果,这需要图书馆为其提供服务。

第二,图书馆要通过数字资源的共建共享,加强与社会中的知识生产者的联系,及时获取新的知识文献。通过馆际共建与社会合作共建,创造为读者服务的网络平台。

第三,高职院校图书馆的建设,需要满足教师和学生的基本信息需求。教师和学生也需要在信息社会背景下学习新知识,加强知识技术的创新。在学习和创新过程中,师生群体也需要得到图书的支持,以为他们提供各类新的资料。如果无法满足需求,教师和学生就会放弃学校图书馆,通过社会中的其他知识平台来获取信息。

(四)图书馆服务理念创新的途径

1.图书馆在服务过程中应体现知识价值。图书馆所提供的信息服务不同于网络中的一般信息资讯,而是要将图书馆文献资源的高价值知识信息体现出来。因此,图书馆的信息服务要在教育、文化发展、经济发展等领域产生作用,带领社会公众开展知识技能学习,提高公民的精神文化素养。

2.形成以用户为中心的服务理念。图书馆在服务过程中要将馆藏建设的中心转变为以用户为中心,让信息服务能够切实满足用户的需求:一是在信息服务体系建设中深入研究用户需求,能够以需求为导向创建服务模式。二是在服务过程中展现图书馆的信息自由和公平原则。在为用户进行服务时,要坚持无歧视的原则,对弱势群体创造体验服务的条件。三是要采用贴心服务,体现服务的人性化。图书馆工作人员要关心用户的需求,在服务过程中要热情周到,能够对用户产生关爱。四是加强服务队伍的建设。图书馆馆员要具有敬业精神,在服务过程中要体现礼貌、端庄的特点,要具有专业化的业务能力。

3.创造优良的服务环境。图书馆的整体环境应该是安静并且具有文化气息的,能够让来访读者在心理上沉浸于知识文化学习的氛围当中。同时,在创建服务环境的过程中,还要体现人性化的特征,为读者创造更加便利的借阅和学习条件:一是在建筑空间布局上和装饰上要满足读者的心理诉求,实现功能性与文化属性的融合。二是在设施建设上,要为读者使用图书馆创造便利,例如,要配备舒适的办公家具;要为特殊人群设置特殊空间和通道;要配备齐全的办公学习设备等。三是在装饰上应该体现知识属性和文化属性,例如,用美术、书法作品进行墙面装饰;室内布置具有文化气质的雕塑和造型等。四是在图书馆的设备建设中还应体现安全属性,例如,配置消防通道、防盗设施、防潮装置和良好的照明设备等。一方面要保障用户的人身安全、财产安全、信息安全;另一方面要为图书馆的文献馆藏创造安全的环境。

4.体现服务形式的多样化。图书馆要适应信息化、数字化馆藏建设的趋势,通过引进先进技术和服务理念,改变单一的服务模式。①在设施建设方面,图书馆要利用自己的建筑空间,创造学术交流的场所,以图书馆为平台开展学术文化活动。同时,要利用图书馆的知识信息资源,向社会中的创业者提供创新、创业的交流场所。②开展知识信息的主动宣传服务,要利用互联网平台,向用户推介新的知识文化成果。③加强文献信息的导航与宣传工作。图书馆要为自己的馆藏特征建立宣传体系,利用自媒体、图书馆户外空间和其他媒体加强图书馆的品牌文化传播。④建立与读者群体的互动系统。除了传统的意见箱之外,图书馆应该与读者开展更多的意见交流活动,了解读者对于信息文献的需求,吸收社会中对于图书馆发展的意见。要利用互联网平台与读者进行互动,让馆员能够与读者随时交流。⑤为图书馆用户建立电子档案。图书馆所提供的服务,应该充分满足读者的需求,能够为读者提供个性化的服务内容。为此,图书馆应借助网络服务系统的便利,为读者创建用户档案。⑥利用智能化、网络化的服务系统。改进图书馆的借阅业务:一是应该在图书馆内部改善图书借阅的设施,推行馆藏、借阅的一体化管理;

二是要积极开展智能化借阅和网络借阅的服务形式,改变传统的图书馆运营方式;三是适当改变图书馆开闭馆的时间,例如,公共图书馆应该在双休日开放。高校图书馆也应该开展二十四小时开馆的服务。通过图书馆服务形式的改善,要确保馆藏资源能够更便利地对读者开放,并按照读者的需求来创新服务形式,提高信息资源的开放程度和利用率。

5.建立智能化的管理系统。信息技术的发展促进了计算机软硬件技术的发展,因而人工智能、大数据、云计算等先进技术深刻改变了人们的生产生活。图书馆在进行文献管理和信息服务的过程中,也应该吸收先进的信息技术,建立智能化的管理平台和服务平台。图书馆馆员也需要掌握信息技术,提高自身的管理和服务能力,构建智能化与人性化管理结合的方式。

6.图书馆在服务过程中要体现公益性和公平性。图书馆在社会上属于向公众提供服务的公益事业机构,其管理运营都不能以营利为目的。国际上所提出的图书馆宣言明确了图书馆要为公众提供免费的图书文献服务的原则,并在服务过程中确保信息的公平与自由。图书馆不应直接对读者收取服务费用,其运营的成本应由政府或其他社会机构来提供。在我国,图书馆是公共服务体系的一部分,由政府的财政税收来为其提供资金。图书馆的工作人员也需要养成为大众的精神文化生活和知识学习进行无私奉献的精神,并且吸收社会中的公共机构和志愿者参与图书馆的建设。图书馆的公益性和公平性是确保知识信息能够在社会中广泛传播的关键,图书馆对于读者的服务,应该确保在知识信息面前的人人平等,打破市场经济社会中商业机构对信息资源的垄断。

通过以上的论述,图书馆在信息社会背景下的服务需要加强技术创新、制度创新和服务模式创新。图书馆要吸收信息社会中的先进技术,借助互联网、大数据等实现图书馆事业的信息化。同时,要通过管理和服务创新,确立以用户需求为中心的理念,不断满足公众的知识文化需求,确保图书馆深入参与社会建设,合理配置信息资源。

三、图书馆创新服务模式

图书馆工作人员是图书馆工作的主力军,图书馆馆员应转变传统陈旧的服务理念,更新理念,在与读者接触、服务过程中,必须有新的服务模式与之匹配。从图书馆员视角考虑,图书馆的创新服务模式应从以下几方面着手。

(一)开放型服务

高职院校的图书馆要改变传统图书馆的封闭式建设管理模式,积极运用信息技术拓展开放服务。开放式服务不仅包括传统的图书馆借阅,还包括多层次的信息服务。图书要借助校园的信息网络系统,深入参与教师和学生的教学和学术研究活动,为广大师生提供高质量的信息支持。

(二)主动型服务

图书馆在信息化的环境中,需要进行主动服务,充分吸收各方面的用户群体。如果无法改变传统的被动服务局面,那么更多的图书馆用户就会选择社会中其他的信息服务方式,造成用户的大量流失。

(三)针对型服务

图书馆在服务过程中,需要探索有针对性的服务方式。为此,图书馆应该对读者进行调查研究,找出读者对于信息的需求。对于高职院校来说,教师和学生群体都有着不同的需求。有些教师使用图书馆资源是为了改善教学活动,有些则是为了开展创新活动。而学生的需求则更加多元,主要包括知识技能的学习、应对考研和其他方面的考试等。图书馆要具体分析这些需求,对图书馆的信息服务结构进行优化,推出有针对性的服务内容。

(四)多样型服务

多样性的服务主要是围绕用户的信息需求,分析用户的个性化需求,让图书馆的管理系统和服务体系实现多样化。图书馆除了进行人工的咨询服务之外,还应该运用人工智能和网络客户端,为用户提供可以自主选择的服务形式。例如,开展图书馆借阅的自主化服务,提供信息的智能化服务等。

四、基于信息时代的图书馆服务的发展趋势与对策

随着信息技术的发展,知识信息成为社会各个组织和个人都需要的重要资源,信息资源需求的增长必然带动以知识信息服务为主的各类机构获得新的发展机会。图书馆要适应信息社会的需求环境,围绕信息产业的发展,探索图书馆信息化、数字化的发展路径,让图书馆在社会发展中发挥更为重要的作用。传统的图书馆侧重在知识信息的保存管理,而对整个社会的服务则没有深入。而信息社会背景下的图书馆,应该加强主动服务,积极开展管理模式和服务体系的创新。在信息化的过程中,图书馆还应该培养掌握信息技术的人员,改变馆员的服务质量,运用网络信息平台开展远程信息服务。

图书馆信息化服务模式的转型发展,主要体现在:一方面要让图书馆改变自身的服务理念,加强信息资源的共享,建立以服务为中心的管理模式;另一方面图书馆要创建新的服务团队,让基层馆员提高服务意识,改善服务质量。既要体现馆员服务的专业性,又要体现馆员在服务过程中的人性化。

(一)图书馆在信息社会中的主要发展趋势

在我国社会全面发展信息化的过程中,信息技术将成为推动社会发展的技术力量,带动信息资源在各个行业实现发展。图书馆既需要掌握先进的信息技术,也要实现图书馆馆藏与服务的信息化,其主要发展趋势包括以下方面。

第一,图书馆在引进信息技术和网络技术时,可以将传统的服务方式在网络中拓展,让图书馆的管理运营模式发生根本的改变。网络平台将成为图书馆最为重要的信息服务平台。

第二,我国在信息化过程中,借助产业信息化的成果,逐渐推进政府和公共服务的信息化。这种发展环境将为教育事业和图书馆事业创造新的发展机遇。社会整体的信息化使图书馆有条件与社会中的各个机构和市场主体实现合作,促进了信息资源的全网络共享。

第三,图书馆馆藏资源和服务体系的网络化,可以让各类图书馆在网络

中进行资源的共建共享,有利于信息资源实现优化配置。围绕共建共享的良好环境,高职院校的图书馆也需要加快数字图书馆的建设,使传统图书馆能够在信息社会中占据资源高地。

第四,图书馆要加强信息安全的管理,要结合信息化的要求健全智能化、网络化的管理体系,吸收先进的信息管理方法,加强对信息人才的培养。

第五,高职院校要利用数字图书馆的建设,加强院校教育功能在社会上的传播,使学校中的优质教育资源和科研成果应用于社会发展中,为广大群体提供自主学习培训的基础平台。

第六,信息化在全球的普及,能够加经济、文化和信息全球化的趋势。各国之间既要占据信息竞争的主动权,也要围绕信息资源开展国际合作。各国的图书馆也能通过网络进行信息和知识成果的交流,使我国的图书馆能够从全球范围内获得新的文献资源,也能将我国的传统文化和发展成果推广到全世界。

(二)图书馆在信息环境下的服务创新对策

图书馆在实现信息化的过程中,其服务模式要从被动转向主动,由单一转向多元,由孤立转向开放,深入实施服务体系的创新。

第一,在图书文献建设过程中进行共建共享。无论是城市公共图书馆还是高校图书馆,都应该建立共享的文献建设体系,各类图书馆应该在共同的网络平台下加强分工与合作,突出自身的资源优势,实现资源的共建共享。政府也应对图书馆事业的发展做出协调,合理配置技术、资金等资源,避免图书馆的重复建设。不同的图书馆可以共建一个大数据的信息中心,让所有的参与者能够共同使用文献资源。

第二,在网络环境中,图书馆要加强文献资源的开发。在信息社会的发展中,由于信息的种类和总量十分繁杂,需要人们进行信息资源开发,才能创造出高价值的信息资源。为此,图书馆在服务创新过程中,应该结合社会对于信息的需求,加强信息服务产品的创新,能够在用户的学习、城市经济发展和各个行业的发展中提供有价值的知识信息。图书馆要利用网络技术来拓展用户和服务范围,实现信息在数字经济中的增值服务。同时,图书馆的工作人员也需要具有信息咨询服务的专业性,提高自己的业务能力,使图书馆馆员成为具有专业能力的信息人才。

第三,图书管理模式要实现创新。传统图书馆在馆藏资源建设时,需要通过对社会中各类文献进行采购和收集,之后再通过图书馆工作人员的整理和加工来形成馆藏文献。信息技术在进入图书馆后,可以帮助工作人员实现管理模式的升级,图书馆工作人员可以使用智能化的文献管理系统来进行文献馆藏的建设工作。同时,信息系统也可以广泛地应用在图书馆的服务当中,借助智能化、网络化的软件平台,图书馆可以将服务系统拓展到计算机和移动端,为读者提供智能化的图书馆服务。在信息技术的帮助下,图书馆的工作人员由过去的管理者转变为信息的服务者,馆员要在网络平台中发挥导航、咨询方面的作用,对用户使用图书馆的服务端提供指导。

第四,通过网络技术的优势进行人才队伍的建设。信息化图书馆的建设,让图书馆的工作内容和服务方式都发生的改变,要求图书馆的工作人员能够掌握新的技术,提高服务能力。为此,图书馆要适应信息时代的发展,就需要深入调整工作人员的结构,建立适应信息技术的人才队伍:一方面,图书馆要对传统的馆员进行信息技术的培训,主要是让他们能够掌握信息管理系统的操作能力,利用网络平台开展文献收集和信息服务。在对读者服务的过程中,要提高服务质量,开展人性化和个性化的服务;另一方面,图书馆要吸纳社会中的信息管理人才,使他们能够进行数据库维护、服务软件开发和信息产品的开发。要通过人才队伍的建设,使图书馆能够提高自主创新能力,在信息社会的竞争中获得主动权。

第五章 高职院校图书馆服务质量建设

第一节 高职院校图书馆的学习型社会服务

"开展全民阅读活动"作为扎实推进社会主义文化强国的重要举措之一,推进全民学习、终身学习,促进人的全面发展。信息社会发展的重要特色就是让社会各个方面的人才都需要进行终身化的学习,使自己能够不断掌握新的知识与技术,以便适应信息社会的变化。因此,信息技术的发展带动了学习型社会的产生。在全民学习的时代,图书馆作为社会教育和文化体系中的重要机构,应该在学生和社会公众的学习活动中发挥主阵地的作用,使其成为社会中重要的教育机构。公共图书的主要功能是为人类社会保存知识成果,并且能够免费向公众传播知识信息,因此,图书馆在发挥教育功能方面具有天然的优势。信息社会需要我们发扬图书馆的信息集散和传播功能,成为开展社会教育的主阵地。

一、要充分认识学习型社会的重要意义

(一)学习型社会含义

学习型社会主要是指整个社会中的所有成员都形成主动学习的意识,利用各类条件来获取知识和信息。传统的学习主要是在政府的带动下发展教育事业,以学校为阵地对公民开展教育,其教育的对象主要是儿童、青少年和青年,通过知识的传播和社会化教育让下一代尽快适应社会。学习社会的形成,使学习成为一种主动的行为,学习教育也不仅仅体现在学校中,而是辐射

到全社会。社会要形成良好的学习氛围,社会中的公共机构和企业都可以成为提供知识、技能教育的重要平台。

(二)创建学习型社会的重要性

学习型社会的形成是信息技术得以发展的结果,是知识信息快速发展后人们的必然选择,学习型社会对于个人的发展和社会整体的发展都会产生巨大的推动作用。

1.信息社会中的成员都需要通过学习来获得发展。教育和学习是一种非常古老的文化活动,在原始社会中,人们通过教育将自己的生活技能和经验传播给下一代,也促进了知识文化在人类社会的发展中得到延续。随着科学技术和知识信息的不断发展,教育活动也成为一种正规化的活动,在培养人的素养和技能方面具有不可替代的作用。从个人的角度来说,个人从婴幼儿时期,成长到青少年和成人的过程中,学习要伴随身体和智力发育的全过程,否则人就无法成为一个完整的人。因此,学习活动是每个人在成长过程中必须经历的过程。随着信息社会的发展,学习将会从学校中拓展到整个社会中,并且学习活动也将伴随人生的全过程,从而形成了终身学习、社会学习的基本方式。学习型社会将会给个人的成长和社会的发展创造更好的环境和学习资源,让学习成为每个人生存和发展的重要条件。

2.学习型社会的发展是一个国家和社会完成信息化改革的基础条件。信息技术的发展,伴随知识信息的快速膨胀,使信息资源成为影响生产力进步的重要资源,社会中的组织和个人在创造知识与积累信息资源的过程中,创造了知识经济的发展模式。知识经济成为先进工业国和发展中国家提高创新能力,创造经济增长点的主要途径。知识经济发展的关键在于人的创新能力,通过科技成果、服务模式和管理模式的创新,加速了传统产业经济的升级发展,并开辟出新的工业产品与服务产品。我国在构建创新驱动的经济发展模式过程中,也高度重视信息产业和知识经济的发展,通过信息基础设施建设和信息产业的培育,推动社会生产力的进步。知识经济需要以人才为基础,要通过构建学习型社会,使人们能够广泛学习新的知识与技能,进而产生创新发展的动力。当代人才在适应社会的过程中,应该具备先进的理论知识,并且形成综合文化素养,养成终身学习的能力是一个人成长为高质量人才的关键。

3.学习型社会是我国全面建设小康社会的重要标志。近些年来,随着我国扶贫工作取得重大突破、人民生活收入再上一个新的台阶,我国社会也进入全面建设小康社会的新阶段。全面建设小康社会,需要我国继续激发整个社会的活力,充分提高人民群众的精神文化素质和知识技术能力,让社会中的全体成员都产生创造力,为社会各个行业的发展注入新的力量。小康社会的建设与工业化、信息化、城市化和乡村振兴发展密不可分,需要我国的城市、乡村及三大产业都能实现全面发展。因此,社会的发展不仅需要创造更好的物质文明成果,也需要推动精神文化成果的进步。小康社会建设的主要目的是实现人的现代化,要让全体公民能够分享社会的发展成果,养成更好的公民素质,促进人的全面发展。要想实现人的现代化,就需要我国继续加强教育事业的改革,让社会发展成为学习型社会。学习型社会的形成,能够让知识文化的传播更加公平,促进了信息资源的合理分配,使每个社会成员的发展条件更加优异。当社会中的每个成员都具有学习成长的机会后,小康社会的建设成果才能得到巩固和发展。

二、要充分把握图书馆与学习型社会的内在联系

(一)图书馆事业是创建学习型社会的重要组成部分

信息技术让全世界各个国家都可以在共同的信息网络中建立联系,各国在发展过程中,也需要抢占信息资源和人才资源,加速信息技术在社会各个领域的应用。在全世界步入信息社会的过程中,任何国家都需要创造学习型社会,以便加强社会中知识信息的交流,促进公民综合素质的发展。我国在全面建设小康社会和实现中华民族伟大复兴的战略中,更需要把握信息技术发展的潮流,促进全社会学习创新环境的形成。信息技术带动了全世界各个国家的创新发展,使新的知识成果不断涌现,这需要人们不断学习新的知识技能,促进个人和社会的发展。我国图书馆事业的发展,要围绕学习型社会的建设,要关注世界前沿科技的发展,加强信息资源的整合,为社会公众的自主学习提供知识信息条件。

(二)创建学习型社会必然要求图书馆全面建设和发展

我国社会主义的建设事业,就是在党和国家的领导下,对社会中的资源进行集中分配,要让社会中的每个成员都成为社会主义的建设者。我国社会发展的主要动力在于人民,而发展的目标也要以为人民服务为宗旨。全体人民要在社会中发挥各自的作用,并且能够享受到社会发展的物质和精神成果。因此,劳动者和社会中的人才需要在社会中得到尊重。我国要通过教育和社会公共文化的发展,让人们能够具有分享知识信息的权利,除了在学校中接受教育之外,各地的公共图书馆也要发挥公共文化服务的作用,为人们创造良好的学习条件。只有在社会最广大的群体中间发展教育,学习型社会才能得建立。在学校和公共图书馆的带动下,社会中的全体成员都要具有学习能力,可以便利享受学习条件。因此,我国要将图书馆的发展当作社会主义精神文明的一个重要环节,发挥图书馆的公共文化服务功能,要从全局发展的角度对我国图书馆做出总体发展规划。

在信息社会的发展进程中,图书馆需要结合数字信息的发展来调整自身的功能,要从传统的文献馆藏管理中进行升级,加快数字馆藏的建设和信息服务的开展。图书馆要在信息社会中发挥知识信息高地的作用,让社会中的信息资源能够在图书馆中得到集中和再次配置。我国的图书馆要快速转变思想,创新管理和服务体系,通过信息技术的引进,加快完成图书馆的信息化发展。图书馆要通过网络技术平台进行数字信息资源的整合和共享,对网络用户群体开展知识信息服务,为人民群众创造公平的学习环境。总之,图书馆在学习型社会的发展中应该具有更丰富的功能,要成为促进社会居民开展终身学习的主要平台。

（三）创建学习型社会与图书馆建设和发展互为条件互相促进

马克思主义哲学思想认为，运动是一个事物的本质，而对于人类社会来说，变化与发展也是其主要的特征。社会在发展过程中，社会中的任何事物都会产生相互作用，从而形成了促进或限制社会发展的动力。学习型社会在发展过程中，图书馆就是整个社会要素中的一个关键要素，学习型社会为图书馆事业的发展创造了新的机遇，而图书馆的发展则成为学习型社会最为重要的文化教育机构之一。我国在创建学习型社会的过程中，需要让全体居民的文化水平不断提高，还要培养人才的科学技术能力，培育社会的创造力。学习型社会的建设，是提高我国自主研发能力，体现创新驱动理念的重要条件。学习型社会需要让广大群体都能接受教育并进行终身学习，在知识信息传播中还需要体现信息的公平与自由。为此，培养全体公民的素质，仅靠学校教育远远不够，更需要图书馆事业能够实现现代化发展。

三、图书馆参与创建学习型社会的具体措施

（一）努力优化图书馆的基本设施

图书馆要在学习型社会中发挥教学和学习基地的作用，在图书馆的设施建设方面要满足读者的需求，充分体现学习的功能。图书馆的规划和建设应该在政府或所属高校的指导下进行，基础设施符合图书馆馆藏和服务的标准，并且要考虑读者使用的便利性和舒适性。图书馆的基础设施包括外部设施和内部设施。外部设施主要是图书馆的建筑及周围的设施和景观建设。图书馆在选址和设计外部设施过程中，要符合城市或学校的整体规划布局，其规划建设要融合在地区的总体发展规划中。图书馆可以成为城市中的标志性建筑，围绕图书馆可以构建教育和文化的集散功能区。公共图书馆的建设选址还需要考虑覆盖的人群，城乡自然环境、经济环境、文化环境等要素，使其能够在地区的文化发展中发挥主要作用，并尽可能覆盖到更多的人口，保持布局的合理性。图书馆周围的建筑和景观都要与其他环境相适应，要加强绿化景观和人文景观建设。例如，在图书馆建筑周围建立公共文化广场或

公园等,能够对群众起到集聚作用。

图书馆的内部设施建设要将文化属性、实用功能结合起来,在设计内部设施和装饰时还应该体现文化艺术特点,彰显本地的特色文化。通过内部设施的规划设计,使图书馆成为一个地区传播精神文化的重要平台。在内部装饰上,要以精神文化的传播为主要方向,给人们带来文化艺术体验。内部设施建设还要具有实用功能,要围绕读者的文献资料使用和学习来设置功能区。例如,围绕读者的学习活动,应该创造更加宽敞的阅览室和自习室;围绕学术文化活动,图书馆应建设报告厅、实验室等设施,要配备网络和多媒体设备;针对读者进行的信息查询和图书借阅服务,图书馆还应该建立智能化的设备,使读者可以更方便地享用图书馆的信息服务。

(二)加强馆际协作,实行资源共享

在学习型社会中,图书馆需要加强馆藏资源建设,使图书馆能够在社会发展环境中收集更先进的知识成果,为读者提供有价值的知识信息。图书馆的馆藏需要确保质量高、具有特色和具有丰富性,可以满足读者不同的需求,并且能够为读者学习成长提供指导。如果图书馆的文献资源过于落后,就会导致读者无法学习信息社会中的新知识。图书馆在馆藏建设中,应在政府的支持下,加大馆藏建设的投资,采购最新出版的图书或是整理网络中的新知识成果。通过新的图书文献的采购,逐渐调整馆内的图书文献结构,淘汰落后的知识信息。图书馆要利用互联网的优势,开展馆际文献资源共建,让不同地区和类型的图书馆能够共享一体化的信息资源。

在学习型社会中,许多人都会使用网络平台开展知识学习,图书馆也需要在馆藏文献的共建过程中,建立开放共享的网络服务平台。数字化的信息资源具有数量庞大、种类庞杂、更新速度快等特点,任何一个单独的图书馆都无法凭借自身的力量构建完整的数字资源体系。因此,信息资源的建设需要多个图书馆共同进行,各个图书馆应将各自掌握的技术、人才、资金等资源整合起来,共同建设共用的文献数据库。图书馆还需要做好分工工作,每一个图书馆能够负责一部分的馆藏资源建设,使不同图书馆在馆藏上具有特色。

在共同的服务平台下,读者可以使用任何一个图书馆中的资源。借助信息资源的合作共建,图书馆就更容易在信息环境中占据资源优势,能够为社会大众提供高质量的学习条件。

(三)开展形式灵活多样的教育活动

我国所进行的学习型社会建设,是要通过政策手段为广大群众创造良好的学习环境,能够利用教育和公共文化事业的建设,实现知识信息资源的公平配置。图书馆在学习型社会中,要与教育、学术、科研机构开展合作,积极开发多种形式的学习教育活动。例如,图书馆应利用自身的硬件设施资源,积极开展学术研讨会,加强知识成果的传播;应主动邀请专家学者举办学术报告活动,为图书馆的读者创造学习的机会;要结合居民对于创新、就业的需求,积极开展技术培训和创新孵化活动,让图书馆能够参与社会活动,成为社会中的创新活动中心。高职院校的图书馆要与学校的学科建设、科研活动和教学活动密切配合,使其成为广大师生进行课外学习的重要场所,在学生职业技能学习和创新活动中发挥更大的作用。

(四)提高图书馆工作人员素质

图书馆在为读者提供知识信息服务时,馆员应该发挥重要的导航服务作用,能够帮助读者快速找到有用的文献,为他们提供专业化的信息咨询。图书馆在建设信息网络平台过程中,智能化和网络化的服务系统也能对读者起到服务与帮助作用,这也在很大程度上改变了馆员的工作职能。过去的馆员主要的服务工作是帮助读者找到想要的图书文献,不会与读者产生更多的交流。但信息服务网络的形成,馆员就需要围绕信息技术平台,开展更多的服务活动,其中包括要为读者传播更多的信息,为读者提供知识信息的导航等。馆员更需要充分学习信息技术,熟练掌握信息管理系统,能够借助网络平台与读者产生情感上的沟通。

在传统的图书馆馆员工作中,主要任务是进行图书馆文献的管理,与读者的交流较少。读者使用图书馆时通常都是按照自己的意愿来获取文献。

但为了提高图书馆的服务能力,馆员就需要改变服务方式,提高服务热情,能够主动地为读者提供帮助。尤其是在信息快速发展的背景下,由于信息十分复杂,真假难辨,许多读者在学习过程中只能接触到无用的信息或虚假信息。图书馆馆员需要在读者的知识学习中起到导航的作用,能够从庞大的信息中加工出有价值的信息,并通过信息服务的方式传播给读者。在数字化条件下,馆员还应该学习新的计算机技术和网络技术,结合网络中的信息需求进行服务项目的开发。

第二节 高职院校图书馆促进与读者的交流

高职院校图书馆是学校中非常重要的教育和学习场所,图书馆中的工作人员也是学校中的教育工作者,需要与学生进行更为密切的交流。但在图书馆发挥教育作用的过程中,还应该以图书馆为平台,为读者之间的交流创造条件。加强读者间的交流,需要图书馆能够建立相关的俱乐部和组织,采用学生社团的方式将学生组织起来,同时,图书馆还应该在学校中开展图书、学习和学术活动,确保学生能够在活动中发挥自己的能动性,促进学生之间的交流。图书馆各类组织和活动的创建,将会促进学生把更多时间留在图书馆,加强对于知识的交流,提高学生的学习效率。

一、加强读者间交流的积极意义

(一)加强读者的互相学习,满足个性需求

图书馆的读者在交流过程中,一般是按照共同的需求和兴趣来交流与图书馆文献有关的信息,这样可以让读者能够提高对图书文献和相关知识的理解,让读者能够互相学习思想、方法和技能,交流各自的读书、学习经验。读者交流也有利于体现学生的个性化需求,让图书馆能够更进一步了解读者需求。

高职院校图书馆在促进学生的学习活动中要充分满足学生的需求,让学生能够提高自主学习能力[①]。学生在互相交流过程中,能够从其他人身上了解图书文献资源的情况,能够将自己产生的理解进行分享。这种交流活动也能对学生产生图书导航作用,让学生更加精准地选择有价值的文献,提高了馆藏的利用率。

(二)加强读者进行信息筛选和学习的能力

高职院校图书馆在对学生提供服务时,需要利用图书馆的使用手册和现场指导等,让新入学的学生能够掌握图书馆图书借阅方法和设备的使用。图书馆在为学生服务的过程中,也应通过为读者建立联系,让学生之间可以互相交流信息筛选的方法。例如,图书馆可以组织网络信息交流活动,让学生探索互联网中的信息筛选方法,指导学生识别网络中的虚假信息。

高职院校的学生面临着较大的就业问题,仅靠他们在本专业的学习,难以掌握就业、创业的技巧。图书馆要围绕学生的就业和创业,开展培训和交流活动,其中包括一些使用技能的培训,各类职业资格考试的培训等。图书馆也可以创建大学生创新创业沙龙,让学生能够围绕这些问题交流创新创业的想法,提高人际交往和社会适应能力。

(三)加强学生对于专业知识的学习

高职院校在培养人才过程中,要让学生具备一专多能的素质,即让学生学好本专业的各类知识技能,围绕未来的就业问题学习新的技能,提高学生的社会适应能力,使其成长为社会中有用的人才。

第一,图书馆要为学生的专业学习提供更多的材料。高职院校中的教学活动一方面来自本专业的课堂教学和实践,另一方面需要学生围绕学科来进行自主学习。学科中提供的教材是无法满足学生的成长需求的,学生还应该在教师的指导下,从各渠道中获取学习的资料。高职院校图书馆应围绕学科

---

①陈帅鹏.基于读者需求的高职图书馆馆藏文献资源建设探究[J].时代报告,2021(42):116-117.

的建设,构建丰富的图书馆文献结构,为学生提供与专业发展相关的工具书、考试材料和学术成果资料等,能够为学生提供可以自学的空间。在学习过程中,图书馆还应组织学生进行相互交流,使他们能够按照合作学习、分组学习的方式来提高自主学习的效率。

第二,图书馆要为学生的考试提供指导,帮助学生安排学习计划。高职院校的学生需要通过各类资格考试来获取证书,表明学生在能力上的成长。其中包括各个职业的资格考试、计算机、外语的等级考试等。围绕学生的考试,学生也需要进行有计划的学习和准备。学生在准备这些考试的过程中,不能全部依靠教师的指导,还要自主地对个人的学习计划做出安排。图书馆要针对学生的考试需求提供有价值的学习资料,并为学生创建可以交流的平台。例如,图书馆可以在内部创建各类考试的活动交流小组,让每个参与者能够在这里交流考试经验,共同梳理学习的计划。通过学生的共同学习,还可以帮助学生克服学习过程中的困难,让学生之间可以进行相互督促,提高他们的学习效率。

(四)图书馆要促进教师之间的交流,为教师的教学、科研能力提升提供帮助

教师是高职院校图书的重要服务对象,可以在图书馆的软硬件环境中开展教学活动、学术活动和自我的学习发展。图书馆也需要为教师之间的交流创造条件:一是要吸收教师成为重要的读者,为教师的学习活动提供文献资源和活动空间。教师之间可以在图书馆内开展关于教学和科研的交流,让图书馆成为学校中重要的学术交流场所。二是加强图书馆的开放性,以教育、学术活动为主体,积极开展校际交流。学校要以图书馆为平台,以图书馆中的学术资源为基础,围绕学科发展和创新科研活动,邀请其他学校和科研机构的专家学者在馆内开展学术交流活动,为本校教师与其他学者的交流搭建平台。

(五)通过教师和学生读者群体的交流,提高广大师生的基本素养

第一,通过读者文化交流活动,提高全校师生的人文素养。高职院校需要为教师和学生的日常生活创造良好的文化环境,积极开展学习文化活动。图书馆拥有丰富的文化艺术资源,可以满足师生们的文化娱乐需求。高职院校的师生在日常生活中会创建多种文化艺术社团及校园文化活动,其中包括文学、音乐、美术、影视等各方面的文化活动。图书馆可以为教师和学生的文化艺术提供活动场所,并提供有价值的参考资料。同时,图书馆中的文学与社科类图书馆文献,可以满足教师和学生的阅读要求,使其能够在课余实践中提高自己的文化素养。

第二,在加强学生的互相交流过程中,锻炼学生的社交能力。大学生的日常生活除了学习以外,还应该多参与社会交流活动,培养自己的交际能力和表达能力。图书馆要带领学生组织各类社交沙龙,让他们围绕一些自己感兴趣的话题来进行观点表达,锻炼自己的思维能力,提高社会的适应能力。

第三,让学生在交流过程中产生互相学习的效果。学生在使用图书馆文献和自主学习过程中,由于习惯和方法的不正确,有可能会导致许多错误。因此,图书馆应该组织学生进行合作和交流,让他们能够互相交换意见,在同学的帮助下改善自己的学习习惯和技能,互相学习对方身上的优点。

二、为促进读者交流创造有利条件

图书馆要通过馆内设施空间的布置和学习活动的设置,为教师和学生的交流创造有效的平台。

第一,高职院校在建设图书馆过程中,就会考虑学生在馆内的学习问题,会给学生创造更多的学习活动空间。同时,图书馆还需要围绕学生的读书活动和学习活动,创造阅读会、书友会和各类兴趣协会等社团活动。图书馆应该围绕学生的交流活动,为他们创造更好的文化环境,并加强各类活动的宣传,吸引学生访问图书馆。

第二,图书馆大力支持学生社团的活动。图书馆中的内部设施、信息化设备和图书文献资料都是学生开展社团活动的重要条件。图书馆应该充分了解学校的社团建设和文化活动,给学生在活动场所和资料需求上创造条件。社团活动是大学生发挥个人才能,加强集体合作的重要平台,对于大学生的社会化具有较强的锻炼作用,支持学校的社团活动也是图书馆功能的重要体现。

第三,图书馆要对全校的科研创新活动提供支持。我国的高职院校和普通高校在实现教育改革的过程中,要充分发挥学校的科研能力,在社会的创新发展中创造更多的科学研究成果。因此,学校中的教师和学生也需要参与创新活动,教师要带领学生围绕学科的研究课题开展科学研究。图书馆在学校的研究活动中,主要是为各类研究活动提供场地和学术资料。同时,也需要举办各类学术报告会和讲座等,加强本校的学术研究与社会各个机构的合作。

第四,图书馆除了知识信息的传播外,还应该建立多元化的文化交流形式。高职院校图书馆在数字化建设过程中,要加强信息基础设施的建设,可以为教师和学生创造多元化的交流环境:一是可以建设影视和多媒体活动室,让教师和学生在其中开展各类文化活动;二是图书馆要建立自己的服务网络和社交平台,使教师和学生能够在网络中进行交流。图书馆的馆员也需要利用网络来为教师和学生提供服务。

三、提高服务质量和水平,积极促进读者交流

高职院校图书馆要想提高读者群体的交流活动,需要在馆员的带动下,通过高质量的服务来吸引读者。在建设以服务为中心的图书馆管理机制过程中,图书馆要将促进读者的交流纳入整体服务体系的创新体系中。要改善服务的环境,提高馆员的服务能力和服务态度,使教师和学生群体愿意在图书馆中开展交流。

(一)结合服务内容的建设,为师生创造交流活动,明确服务中的思想内容

图书要想改善服务质量,就需要加强图书馆环境建设,改善服务方式和服务能力:一是对图书馆的活动场所进行管理和维护,其中包括设备的维护,卫生环境维护和文化环境的创建,通过良好的活动场所吸引读者群体。二是

图书馆馆员要成为各类活动的组织者、主持人,在组织各类学习、创新和交流活动中要起连接各方人员,有序组织活动。三是对图书馆的各类活动进行公布和宣传。图书馆在组织学习和学术活动时,要通过校园内的海报、校园媒体、网络媒体向师生进行传播,提高活动的吸引力。要确保各类服务活动公开透明,鼓励师生群体进行监督。四是加强图书馆的网络管理,确保信息安全。图书馆要通过网络客户端来为教师和学生提供服务,相关人员要加强网络管理,组织学生文明使用网络,尊重知识产权,保护图书馆和用户的信息安全;五是要通过管理规范的建设,保障图书馆环境的有序。图书馆要对学生的活动进行管理,要维护图书馆纪律,保障馆内公共空间的安静,要让学生合理使用馆内设施,爱护图书馆文献和场馆设备,自觉维护图书馆环境卫生。

(二)图书馆内文化、学术交流活动的组织和管理

图书馆可以通过读书会、学术讲座等活动的组织来吸引读者,并使其成为教师、学生及其他专家学者交流的平台。读书会的创办既可以鼓励学生参与知识学习,也可以让学生按照自己的兴趣来参与人文类图书的阅读,同时图书馆也可以借助读书会开展新书发布,和读书文化宣传。但是传统的读书会活动容易造成图书资料与读者需求的脱节,难以对读者产生吸引力。为此,图书馆应该结合数字化馆藏的建设,按照读者的需求来组织活动:①借助读书会等活动来加强学生的实践交流。例如,图书馆可以按照学生对于新技能的学习开展读书交流活动,让学生能够交流一些实际的经验和技能。②活动的开展要体现竞争性,让学生开展技能上的竞赛。例如,图书馆借助读书会的活动,开展学生知识竞赛,并为获胜者提供相关奖品。这种方式可以让学生主动参与进来,提高他们的交流热情。同时,图书馆还可以组织一些创新、创业比拼活动,让学生将自己的想法和学习成果展示出来。③图书馆要提高馆内读书和学术活动的质量,应该从社会中邀请一些学者和专家开展讲座活动。让图书馆成为学校对外进行学术交流的窗口。

图书馆所建设的网络平台和信息设备,对于提高读者的交流具有很大的帮助:一是图书馆要建立大数据的分析系统,能够具体分析读者的需求,结合

需求来设置对教师和学生发展更有帮助的活动;二是要通过网络信息平台,加强对图书馆的宣传,让学生能够了解图书馆中的各类活动,扩大图书馆的服务范围;三是借助图书馆的信息平台,让学生了解图书馆的馆藏资源,为读者提供资料和图书的搜索指导。

(三)加强图书馆的馆员制度管理,完善服务功能

高职院校通常会创建义务馆员的管理制度,吸收全校的学生参与图书馆管理和服务工作,为学生创造社会实践的机会。学生馆员主要是辅助图书馆的工作人员进行辅助工作,例如,进行书架管理、档案管理和对访问者进行导航等。图书馆应该从学校中吸收一些具有专业技能的学生,鼓励他们开展读书活动和交流活动的策划创意,让学生馆员与学生读者进行深入交流。

(四)加强对信息技术的应用,通过网络平台进行服务和交流

目前,随着网络技术在校园中的普及,学生已经习惯于使用网络来获取各类信息,网络平台的丰富性可以满足学生咨询获取、自主学习、人际交往和文化娱乐方面的需求。图书馆也要改变原有的服务模式,积极构建网络服务平台,对读者群体的交流提供便利。

第一,图书馆在开展读书会、活动推介会的过程中,要积极利用网络平台进行宣传。其中包括图书馆网站、读者群和移动端自媒体等。

第二,借助学校的网络平台,为学生创建讨论和交流的平台。在图书馆开展各类活动时,还要利用网络进行宣传,增加各类活动的透明度,让读者对图书馆产生监督作用。同时,网络平台可以帮助图书馆收集教师和学生的信息,对图书馆未来的发展起到反馈作用。

第三,图书馆在开展学习和学术活动时,经常会邀请社会中的著名学者来开展学术报告。图书馆要利用信息平台,加强学生与这些学者的交流,让学生能够借助网络平台提出自己的观点和问题。同时,在举办学术报告时,图书馆也可以采用网络直播的方式扩大传播范围,使全校学生都有机会参与学术活动。

第三节 高职院校图书馆社会化服务

高职院校在办学过程中,需要结合当前学习型社会的特征,实现学校的开放化,在全民的知识信息学习中发挥关键作用。高职院校图书馆也应该在社会中发挥作用,积极吸收社会中的读者,开展社会化的服务。

一、高职院校图书馆进行社会化服务的特点

(一)高职院校图书馆读者群的特色

1.读者群的民族性。高职院校图书馆的读者群为学生、研究人员、教师、管理人员以及部分校外人员。少数民族地区的高校是这个地区的最高学府,其教师、研究人员以及学生大部分为本地区的少数民族。图书馆作为少数民族地区高职院校的一个工作机构,校内人群的民族性决定了图书馆读者群的民族特征。如广西壮族自治区少数民族占总人口的38.4%,壮族人口占少数民族人口的85.7%,这就决定了读者服务工作的民族性。

2.读者具有稳定性的特点。高职院校的图书馆具有十分稳定的读者群,主要是学校内部的教师、学生和其他工作者。这些读者群所进行的学习活动都是围绕学科和技能学习展开,在需求上也具有较强的稳定性。

3.读者具有发展性的特点。高职院校图书馆的读者主要是学生,图书馆提供的服务也是围绕学生的成长进行的。学生在不同的阶段都会产生不同的需求,例如,在本科的四年学习中,每一年的学习内容都有着明显的不同,学生也会产生与学习有关的图书文献需求。图书馆在建设文献馆藏和服务过程中,也需要与学生的成长保持一致。

(二)馆藏文献的特色

1.高职院校图书馆的馆藏文献建设具有地方性特点。不同地区的高职院校都需要为本地的经济和社会发展服务,其培养的学生也主要是满足本地

的就业需求。因此,高职院校在图书馆文献建设方面也要具有地方特色。例如,在西南少数民族地区,高职院校在建设图书馆馆藏的过程中,就需要加强对民族传统文献的收集和整理,为本校的教学、科研活动提供支持。地方性的文献对比通常的文献具有更加分散、难以整理的特征,需要图书馆能够加强对这些文献的收集工作。

2.馆藏文献的地域性。我国少数民族分布具有区域性特征,因此其文献分布也具有很强的地域性。如广西民族大学图书馆的特色馆藏除了民族学、少数民族地方文献外,还有外国语非通用语种文献,那也是由其地域性决定的。我国广西西南与越南毗邻,面向东南亚,西接印度半岛。广西民族大学的外国语非通用语种特别是东南亚各国语种的招生决定了其馆藏的地域性。

(三)学科的民族特色

每个学校都有其学科建设重点,少数民族地区高校也有其各自的学科特点和办学重点,反映在学科上有民族的政治法律、文教科技、民族语言、民族宗教、民族历史、民族医药卫生等。如广西民族大学的壮学研究中心、瑶学研究中心,西南民族大学的彝族学等都带有浓厚的民族特点。

二、地方高校图书馆读者服务的现状

(一)馆员的业务水平存在不足

高职院校的图书馆在服务过程中,需要通过一线馆员来为读者服务。学校中的馆员主要包括一部分教师和专业的图书馆工作人员,也包含一部分的学生义务馆员。但高职院校中的馆员也存在业务能力不足的问题,尤其是在数字技术进入图书馆之后,许多传统的工作技能已经难以满足服务要求。

(二)高职院校图书馆存在经费短缺问题

不同地区和不同级别的高职院校所掌握的经费具有很大的差距。高职院校的经费受到所在地区政府财政境况的影响,由于我国的东西部在经济发展中具有很大的差异性,因此,西部地区高职院校的图书馆建设能力存在不足。

(三)高职院校图书馆的高端人才面临不足

高职院校在建设图书馆的过程中,也需要引进高端人才,从而适应信息化的发展,借助创新型人才来创造更好的信息服务。但由于图书馆存在经费不足的问题,许多高端人才也不愿意到图书馆工作。

(四)图书馆的管理方式比较落后

传统的图书馆在管理过程中通常以文献馆藏为主,大部分管理工作都用在了对文献进行整理和保存方面。高职院校图书馆在面对读者进行服务时,难以吸收先进的管理经验,创造以服务为中心的管理模式。

三、搞好读者服务工作的途径

(一)创新图书馆的服务理念

高职院校图书馆要树立以学生需求为中心的服务理念,在服务学生的过程中发挥教育功能,满足学生的成长需求。图书馆要充分了解读者的需求,为学生提供贴心服务,让学生在图书馆中获得学习的机会。

在面向全校师生的过程中,图书馆要改变以被动服务为主的理念,用更积极的方式来提供服务。例如,图书馆要对不同年级和学科的学生进行分类,为他们提供定制化的文献资源服务。要按照学生的作息时间来调整图书馆的开闭馆时间,让学生能够充分利用图书馆空间进行学习。

(二)图书馆要改进管理制度

我国不同地区的高职院校图书馆都应该围绕本地的民族文化、历史文化等建立特色化的馆藏资源,并且对学校和社会做好服务工作。少数民族的图书馆应该加强少数民族文化的传播,为各个民族的文化保存和教学提供馆藏基础。

1.建立符合地方特色与民族特色的馆藏结构。

第一,地区文化和民族文化馆藏结构的构建。高职院校在建设馆藏文献时,应该针对本地的民族文化进行挖掘,要在本地政府的支持下,深入民间地区、乡村地区和少数民族地区进行文献资料收集,让图书馆体现出传统文化特色。

第二,加强少数民族信息馆藏的建设。高职院校在建设数字图书馆时,应该注重传统民族文献的数字化建设。文献的数字化是让我国各地传统文化在信息社会中得到传播的重要条件,可以带动这些地区文化向全国范围内传播。例如,内蒙古大学建立了"蒙古文化"数字馆藏专题。

第三,高职院校要针对学生的学习活动,建立特色学习室。高职院校应收集本地的少数民族和地方文化资源,为学生构建展览厅和学习室。这些学习室的资源可以帮助学生了解本地的文化特色,开展学术研究。

2.按照学生的个性需求来提供多样化服务。

第一,图书馆在服务过程中要对学生的个性产生尊重。图书馆中的工作人员要改变管理者的身份,用高质量的工作能力和职业态度为学生提供服务。在学生使用图书馆中的文献和设备时,要给予悉心的指导,要尊重学生的选择。

第二,面向学生开展阅读宣传活动。图书馆要定期推出新的图书馆文献信息,加强对学生的宣传。在宣传过程中,要利用网络媒体进行传播,通过阅读活动的建立吸引学生。

第三,为学生的自主学习创造条件。图书馆除了建立环境更好的学习室之外,还应该加强开架类图书馆文献馆藏,让学生能够自由选择不同的图书资料。在管理借阅活动时,要按照学生的作息时间来开展服务,例如,在双休日和晚间进行开馆等。

(三)为学生提供多样化的服务产品

高职院校的图书馆要改变简单的图书馆借阅服务,推动图书馆的开放化管理,利用社会中的资源创造更多的文献信息服务。例如,要与其他的图书馆开展合作,加强馆际文献共享;要利用网络条件,加强与学生群体的沟通,及时收集学生对于图书馆的反馈意见。

(四)提高图书馆人才的专业性

高职院校的图书馆面临着专业人才不足的问题,许多工作人员缺乏专业性,并且在服务过程中也会产生服务质量不高的问题。图书馆人才服务能力的不足,容易影响读者对图书馆的满意度,也对图书馆的馆藏文献管理造成阻碍。为此,图书馆需要进行人才队伍建设,提高图书馆的服务水平:一是要从社会中引进掌握新技术和新管理能力的高端人才;二是要对图书馆的馆员进行培训,让他们掌握新的管理技术,并提高自身的服务能力。

第四节 高职院校图书馆信息资源共建共享

在信息技术高度发展的社会环境中,高职院校图书馆的发展必然与信息化建设联系在一起。图书馆的信息化包括建立数字化的馆藏信息体系、加强图书馆内的信息设备和系统建设、实现网络信息服务等。在服务过程中,图书馆要结合学校师生和校外读者的需求,为学习、科研等活动提供信息服务。图书馆的信息资源共建共享就是要加强与社会各个机构的合作,实现馆际联合发展,共同建设统一的信息服务体系,同时要把握读者对于信息的需求,为读者提供多样化的信息共享服务。

一、网络环境下图书馆信息资源共建共享的必要性

(一)通过合作共建改变高职院校图书馆重复建设的问题

传统的图书馆建设,馆藏文献建设是最为主要的部分,需要图书馆尽量收藏多而全的一定数量的文献。人们也会按照图书馆馆藏文献的数量来对图书馆做出评级。因此,图书馆在馆藏建设中不可避免地会出现重复问题,但因许多文献都是各个图书馆所必需的文献,所以这种重复建设问题也是符合图书馆发展要求的。但如果图书馆进行信息化的合作共建,将馆藏体系整合为同一个系统,就不应再进行图书馆的重复建设。合作共建的主要目的就

是减少单独图书馆的经济负担,使各个图书馆能够进行分工建设,最后对成果进行整合与共享。因此,图书馆需要通过馆际的资源共享来减少重复建设,使人力、物力成本被应用在有用的地方。

(二)通过合作共建来满足读者的学习、科研需求

高职院校的主要任务是为社会培养高技术人才,并在学科建设中加强科研活动,推出科研成果。随着社会对于高职院校的育人要求不断提高,就需要教师提高教学水平,也鼓励学生能够针对自己的就业和创新活动进行自主学习。为了满足教学和科研的要求,高职院校图书馆就应该提高信息文献的质量,满足教师和学生的需求。但图书馆难以凭借自身的能力建立完整的馆藏信息体系,这就需要学校图书馆与其他图书馆之间建立共建共享的体系。

二、目前图书信息资源共建共享所面临的问题

(一)缺乏规范合理的全局规划

高职院校图书的合作共建通常缺少合理的规划。许多学校之间在建设图书馆时,采用的是不同的信息管理机制和建设标准,导致图书馆难以做出整体的规划。有些学校的图书馆也不愿意与其他学校共同分享信息资源,在图书馆发展中只注重对本校学生的服务。如果缺少共同的目标和共同的需求,高职院校的图书馆就难以推动馆际的合作共建。

(二)馆藏文献质量有待提高

信息社会的发展,使各个学科和各个行业都能生产大量的知识信息。社会中的所有成员有着学习这些信息的需求。图书馆在馆藏建设时,也需要及时对文献进行更新,合理调整馆藏文献的结构。但许多高职院校的图书馆缺少知识文献更新的能力,导致馆藏的文献资源出现了落后的问题,难以满足读者的新需求。

(三)信息资源开发制度有待完善

图书馆在进行数字信息的开发时,不能完全依靠传统的人工方式,而是要建立智能化的信息管理系统。图书在网络中收集的信息具有复杂、散乱和真假混杂的特征,如果将其加工成有用的数字文献,就需要采用更加先进的技术来进行管理。

(四)资金严重不均是最大障碍

高职院校是公共教育机构,其活动的主要经费就是依靠政府的财政投资。高校图书馆在建设和发展过程中,也存在经费不足的问题。在图书馆的信息化发展中,需要进行数据库的建设、信息管理系统建设、信息设备采购和数字文献的收集,这些都需要大量的资金才能进行。在这种情况下,图书馆之间进行合作共建,也能够帮助图书馆节约成本。

三、图书馆信息资源共建共享策略

(一)建立规范化的馆藏信息体系

图书馆的信息馆藏主要包括本馆传统图书馆文献的数字化、新购买的数字化信息文献等,这些数字化的文献在管理和保存过程中应该有着标准化的格式。图书馆在合作共建时,要按照共同的标准来进行购买和加工,以便图书馆之间能够互相使用。

(二)图书馆要共建一个可以共享的数据库

数据库主要用于存储图书馆收集、加工后的图书馆文献,在图书馆的合作共建工作中,所有参与的图书馆应该共用一个数据库,或是采用分布式数据库进行资源整合。数据库的建设需要购买计算机和软件系统,并使用互联网将各个图书馆连接起来。数据库要在各个馆之间实现共享,并连接图书馆的网络服务系统,为读者提供数字文献服务。

(三)建立合作共建的评价机制

评价机制的建立能够帮助合作图书馆之间提高共建效率,保障数字信息具有质量。合作图书馆应该用统一的标准来制定数据文献目录,使用可以相通的管理系统进行文献整理和加工。在数字馆藏建设之后,还需要对数量、质量、使用价值和服务产品等做出评估,找出馆藏建设存在的缺陷。图书馆之间的合作共建还需要体现图书馆各自的特色,让数字馆藏既有完整性,又有针对性。

(四)加强图书馆与社会信息资源的整合开发

信息技术的发展,为图书馆提供了多样化的技术手段,其中包括大数据、云计算、人工智能、各类计算机软硬件设备和互联网通信技术等。这些技术能够实现知识文献的数据化,并以更加智能的手段进行管理和传播。图书馆在信息化发展中,必然要投入人力和物力来引进先进技术,加强馆内信息化软硬件环境建设。图书馆在进行合作共建时,也能够将不同的图书馆掌握的信息技术资源进行共享,减少图书馆的运作成本。在信息技术的帮助下,图书馆要加快传统文献的数字化改造,积极拓展网络的服务范围,开发信息服务产品,为读者创造更加智能和便利的图书馆信息服务。

第六章 高职院校图书馆共享服务

第一节 高职院校图书馆资源共享

文献,作为一种人类保存其记忆的方式,在历史的舞台上已走过几千年。从古代甲骨刻字、竹简帛书、石刻碑文、活字印刷,到近现代书籍纸张、缩微胶片、光盘、硬盘,文字记录载体更新迭代,图书馆作为保存人类文化遗产的重要机构,详细记载了从古至今人类历史的发展和演变,使人类文明得以薪火相传,生生不息。世界上最早的图书馆——亚述巴尼拔图书馆产生后,满足读者信息需求的活动随即开始,这也就是我们所要说的"文献资源共享"。它贯穿着图书馆的整个发展历程,不断地革新与丰富,对于现代图书馆,资源共享作为图书馆行业服务水平与服务质量的重要体现方式,需要我们不断研究,不断深化。

一、图书馆资源共享概述

(一)图书馆资源共享发展历程

1.概念的提出。图书馆一直是知识传播和知识共享的重要场所,然而各个图书馆所收藏的文献资源有限,很难满足读者的需求,因此资源共享成为整个图书馆业界的理想。资源共享不仅可以扩大读者的获取范围,还可以避免图书馆的重复投资,提高图书馆的综合竞争力。

19世纪末,一些西方国家的图书馆开始尝试以"馆际互借"和"联合目录"等方式来实现馆藏文献的共享,以满足读者的需求。美国成立了"协作委员会",致力推广图书馆之间的合作,并将资源共享的馆际合作作为一个讨论主题,使资源共享正式走上历史舞台,联合国教科文组织(IFLA)和国际图联(UNESCO)联合提出了资源共享理念:通过协作提高开发和利用文献信息资源的综合能力,实现资源的合理配置和有效利用,满足读者的需求,促进知识的传播和创新,以及图书馆之间的合作与交流,进一步推动图书馆事业的发展,为社会发展做出贡献。

2.资源共享的发展。随着全球化进程的加速和信息技术的迅速发展,图书馆面临越来越多的挑战和机遇。在这个背景下,读者的需求不断变化,他们希望能够轻松地访问到各种各样的信息资源,而图书馆也需要不断地更新自己的藏书和服务,以满足读者的需求。在这样的背景下,图书馆之间的合作与共享变得尤为重要。

图书馆之间的合作和共享,可以帮助图书馆节约采购成本,也可以让读者获得更多更广泛的信息资源。通过资源共享,图书馆可以更好地满足读者的需求,提高服务质量和竞争力。在过去,图书馆之间的合作主要是在小规模、短距离之间进行的,比如,相互借阅、藏书协调等。然而,随着社会的发展和图书馆规模的不断扩大,这种小规模的合作已经无法满足读者的需求。

因此,馆际互借规则的制定和实施变得尤为重要。馆际互借是指不同图书馆之间互相借阅图书或文献的行为。通过馆际互借,读者可以借阅到其他图书馆的藏书,享受到更多的信息资源。在这个过程中,美国图书馆学会起到了重要的作用,他们制定了世界上第一个馆际互借规则,并且得到了其他国家图书馆的支持和认可。随后,英国、苏联等国家也相继制定了自己的馆际互借规则,国际馆际互借业务也逐渐开展起来。

20世纪70年代以来,联合国教科文组织、国际图联等国际组织共同致力全球范围内的文献资源共享。1971年,IFLA首次提出"世界书目控制计划"("UBC计划"),旨在使用世界通用的标准与规范,建立一个世界编目网,共同交流书目信息;与此同时,IFLA又提出了"世界出版物的收集利用计划"("UAP计划"),旨在建立一个具有文献出版、发行、采购、存储等基本功能的国内书目系统和馆际互借网络,最大限度地为读者提供所需要的文献资源,其最终目的是实现全球文献资源共享。1977年,"发展中国家图书馆资源共享会议的预备会议""国际书目(UBC)协调会议""第二次苏联东欧国家图书馆会议"都将资源共享作为议题。

互联网的蓬勃发展开启了人类文明的新时代。20世纪末,随着计算机、通信技术、网络等技术的发展及广泛应用,联机检索系统迅速发展,欧美一些发达国家的图书馆衍生出馆际的多种合作方式。例如,美国的OCLC、OhioLInk、RLIN,英国伦敦与东南亚地区的图书馆协作网LASER、德国的联合编目系统统一"资格认证中心";到1990年,全球已有644个联机检索系统,数据库4465个,如DIALOG、ECHO、BLAISE等,资源共享探索进入了网络时代。

随着互联网的日趋深入,图书馆的建设和发展也进入了数字时代,以数字化的方式保存人类文化遗产已成为不可逆转的发展趋势,全世界产生了众多的"数字图书馆计划"。[①]如1995年美国国会图书馆实施的"美国记忆"项目(American Memory Project);2000年中美两国大学和科研机构联手筹建的"全球数字图书馆"(UDL)项目;2005年美国国会图书馆与联合国教育科学文化组织联合推出的"世界数字图书馆"(WDL);2007年欧盟数字内容计划委员会负责实施的"欧洲数字图书馆"(DEL)。这些具有代表性的数字图书馆项目,目的都在于将人类的宝贵文化遗产进行数字化典藏并共享给全球用户。

20世纪初,美国大学图书馆就积极探讨资源共享,20世纪70年代,美国网书馆联盟达到建设高潮,图书馆联盟旨在利用馆际互借和文献传递系统,快速共享成员馆的纸本资源和电子资源。"法明顿计划"是美国著名的以馆际互借和共编书目为特点的图书馆初级联盟,随着计算机及网络的发展,美国国家采购与编写计划(NPAC)、国际图书馆联盟(ICOLC)等相继出现,图书馆联盟模式多样化,如联机计算机图书馆中心(OCLC)、环太平洋数字图书馆联盟(PRDLA)、美国数字图书馆联盟(DLF)等。据国际图书馆联盟2002年统计结果,美国拥有世界上最多的图书馆联盟,占总量的57%,目前,美国

①孟卉."互联网+"背景下高校图书馆建设与服务探析[J].科教文汇,2016(22):128－129.

图书馆联盟拥有200多个图书馆联盟体。在资源共享实践中,日本所取得的成绩也尤为瞩目。1986年,日本建立了全国性综合信息共享系统(NACSIS)(National Center for Science Information Systems),参与系统的各大学图书馆输入馆藏资料,编制综合目录,形成了NACSIS-CAT,进行校际馆际互借及资源共享,截至2009年3月,该系统参加馆总数达到1224家,其中,日本的国立大学图书馆86家,公立75家,私立547家,海外机构107家,NACSIS-CAT书目数据突破一亿条。

网络时代的"资源共享",图书馆改变了"资源共享"思路:不再局限于自身的固有资源,呈现出向外扩伸趋势,跨区域、数字化、多样化;从用户角度出发,关注资源的利用率,注重用户需求和满意度,从被动等待服务转为主动提供服务。区别于以前的"馆际互借""联机检索书目",向纵深方向发展,在内容上侧重于数字资源共享,如联合编目、电子图书、多媒体数据库、在线信息咨询等;在共享方式上除了邮寄、传真,更多的是依靠E-mail、在线网页、即时通信软件等。

3.我国资源共享发展概况。晚清时期,随着洋务运动和戊戌变法的兴起,一股强劲的西方新思潮涌入了古老的东方文明古国,西方图书馆"平等、开放、公开利用"的理念冲击着中国古代藏书楼"重藏轻用"的旧观,清末公共图书馆运动便随之兴起。1902年,我国近代第一个正式的公共图书馆——皖省藏书楼创办;1902年,倡导"存古开新"的古越藏书楼,成为我国第一个向社会开放的私人藏书楼,由此推动了我国近代藏书楼向公共图书馆的转变,促进了近代图书馆的兴起。随后,1904年,我国诞生了第一所官办的公共图书馆——湖南图书馆;1909年国立北平图书馆的建立,更标志着我国图书馆事业完成了由藏书楼向近代图书馆的转变。

新中国成立前,中国图书馆事业经历了从"古代藏书楼"到现代图书馆的彻底革新。归国的新派知识分子发起了"新图书馆运动","平等、开放、公开利用"的西方图书馆理念广泛传播,公共图书馆遍地开花。从1912年全国仅有的十几所增长到1916年各省图书馆及通俗图书馆总数达260所,1925年全国各类型图书馆已达502所,十二年后的1936年更是发展到1502所,公共图书馆的繁荣兴办促进了藏书思想的进一步开放,体现了近代图书馆面向公众、服务社会的作用。此外,1909年,我国第一所图书馆学专业教育学校——文华图书馆学专科学校成立;1915年,民国政府先后颁布了《图书馆规程》和《通俗图书馆规程》,这是民国政府颁布的第一批关于图书馆事业的法律文件,这些文件为新中国成立前图书馆事业的发展提供了司法上的保障与支撑。1925年,我国第一个官方图书馆学协会——中华图书馆协会的成立,加之诸多海外归来的图书馆学专家都为近代图书馆的发展奠定了坚实的基础。

新中国成立前图书馆之间的"馆际互借"是我国"资源共享"的最初表现形式。1925年,中华图书馆协会创办的《图书馆学季刊》"时论撮要"专栏中刊载的国外学者亚勒蒂的《各图书馆购借书籍之合作》一文详细介绍了美国图书馆馆际互借的成就。与此同时,我国进步图书馆学专家严文郁先生也在此期刊上撰文介绍了"馆际互借的意义及形成之大概",由此,"文献资源共享"崭露头角。在1929年金陵大学召开的中华图书馆协会第一次年会上,"馆际互借提案""馆际互借书籍细则"被提出并决议一致通过。1939年,民国政府教育部颁布的《修正图书馆规程》中第一次明确规定了地方图书馆"阅览部"的工作职责是"办理馆际之互借与邮寄",馆际互借正式成为各图书馆的业务之一;从1934年起,国立北平图书馆馆务报告中开始有了馆际互借的数据记录;新中国成立前史料中所见最为规范的馆际互借章程为无锡、太原两市图书馆协会的馆际互借章程。当时,中华图书馆协会和地方图书馆协会推动了民国图书馆馆际互借业务的成熟与发展,图书馆界"文献资源共享"得到了稳定而持续的发展。

中华人民共和国成立后,图书馆行业得到高度重视。20世纪50年代,我国先后颁布了专门的馆际互借条例《高等学校图书馆馆际互借办法(草案)》《全国图书协调方案》,标志着我国文献资源共享工作的正式开启。随后,国家科学规划委员会成立了北京、上海两个全国中心图书馆委员会和9个地区性的中心图书馆委员会,共同编制联合目录,开展馆际互借等工作,为后期资源共享的开展打下了基础。20世纪80年代,资源共享发展逐渐深入;1986年中国图书馆学会学术委员会召开"全国文献资源布局学术研讨会";1987年华东师范大学图书馆系等召开了"现代图书馆资源建设和资源共享国际研讨会";1987年由国家科委和文化部发起,成立了由11个部委参加的全国部际图书情报协调委员会,负责协调编制联合目录、开放馆际互借等工作。20世纪90年代,随着计算机的逐渐普及和互联网的发展,我国资源共享从传统走向现代,出现了图书馆协作网络建设和联机检索系统。1998年,国家图书馆牵头建设了"全国图书馆信息咨询协作网";1999年,国家图书馆主办了"全国文献信息资源共建共享协作会议";1999年,教育部发起了"中国高等教育文献保障系统(CAUS)";这一时期,资源共享从理论走向实践。

通过多年来的探索实践,我国信息资源共享服务体系已经较为成熟,在国家层面上,除了稳步推行的CALIS项目,2000年成立的中国国家科技图书文献中心(NSTL),2002年文化部、财政部开始启动实施的全国文化信息资源共享工程,2004年教育部启动的中国高等人文社会科学文献中心(CASHL)项目都发展良好。同时,全国范围内也出现了区域内资源共享工程,如江苏省文献资源保障系统、吉林省文献信息资源共享平台、天津市文献资源保障系统、重庆市科技文献共建共享平台等。让人欣喜的是,图书馆行业内也发起了专业特色资源共享平台的建设,如全军医学图书馆资源共享工程、北京地区财经类院校资源共享平台。

(二)资源共享的研究概况

1.国外研究概况。随着社会环境的变迁,国外图书馆资源共享从最初简单的藏书建设、馆际互借、联合编目、联机检索、参考咨询,发展到今天多样化的图书馆联盟、图书馆系统、联盟业务交流等。

1998年,Library Journal发表了"James J.Kopp"关于图书馆间共同合作分享资源的文章,从此以后,图书馆合作分享资源引起了人们的广泛关注。美国图书馆协会也建立了合作委员会。1900年,美国国会建立了系统为参与馆发布目录卡片;1933年,美国的三角研究图书馆网络成立,最早加入的南加利福尼亚州大学和杜克大学成立了知识合作委员会,因为两所大学距离很近,因此地理优势是早期的图书馆联盟的一个重要特点。

关于图书馆联盟研究,20世纪70年代之前的文献几乎没有,1972年美国教育委员会研究了全国范围内的这些联盟,并形成了学术图书馆联盟目录;关于联盟研究最重要的成果有:Ruth J.Patrick 的 "*Guidelines for Library Cooperation:Development of Academic Library Consortia*",这本书讨论了大学图书馆合作的概念,研究了20世纪六七十年代图书馆联盟的形成;定义了125个学术图书馆联盟,总结了这些联盟的4种模式,这4种模式仍然是现在美国图书馆联盟的基本模式。20世纪八九十年代是美国图书馆联盟繁荣发展的时期,资源共享是图书馆联盟的重要特征,多类型合作,如合作购买、合作目录等在这一时期变得普遍,OCLC 和 RLIN 的形成美国提供了重要的资源支持。2000年,美国 Library Journal 发表的文章称当时图书馆联盟的数量和规模都达到了"临界数量"。

Sharon L.Bostick 从早期联盟、成长阶段、联盟经济、联盟类型等方面研究了美国高校图书馆联盟的历史发展,并指出为了解决经济问题,美国图书馆联盟应寻求新的不同的合作方式。Arnold Hirshon 分析了图书馆联盟在图书馆面临困境而改变管理方式时所起的作用。由于经费紧张,"合作发展馆藏"(CCD)成为图书馆界满足读者需求的一种方式,这也是资源共享的一个重要部分。Rodney Erickson 认为合作发展馆藏是图书馆提供服务的最佳途径;Edward P.Miller 研究了多系统馆藏建设发展的计划及方法;Margo Sasse 从图书馆馆藏发展、馆藏与供应商、图书馆组织等元素出发,探讨了自动化收购馆藏合作发展的前景。Stephen E. 和 Wiberley Jr. 研究了馆藏合作管理的理论等。目前,国外关于资源共享方面的研究有:Goldner.Matt 和 Birch.Katie 回顾了全球资源共享的发展历程,分析了在云计算时代资源共享所要面临的社会问题并提出了解决办法;Posner Beth 探讨了数字时代资源共享面临公平正义、权利理论、功利主义和公共利益四个方面的道德挑战;Fourie Ina 出版专著研究了全球资源共享；Posner Beth 和 Simpson Evan 重新思考了资源共享计划的使命，提供了创新计划、策略和实践，使更多的资源满足用户的需求。Leon L. E.指出当资源共享面对信息成本、运输成本、使用限制等方面的问题时，图书馆应研究出有效的方法来提升资源共享的质量。

2.国内研究概况。1957 年 9 月，国务院批准颁布的《全国图书协调方案》为我国图书馆信息资源共享研究拉开了帷幕。"文革"期间，图书情报事业遭受严重破坏，研究被迫中断。20 世纪 70 年代末，资源共享研究有了初步恢复，《利用 MARC Ⅱ 机读目录系统建立书目数据库共享情报图书资源的探讨》一文的发表，标志着文献资源共享作为一种理论形式在我国被明确提出。1986 年年初，中国图书馆学会召开了"出版物资源共享国内学术讨论会"，推动了国内信息资源共享研究的步伐。1990 年，中国图书馆学会以"资源共享"为主题在广州召开了"第五届全国图书馆学会青年学术研讨会"，深入探讨了我国资源共享的一系列问题，标志着资源共享稳步地向前发展。以中国知网（CNKI）为例，调研"图书馆资源共享"主题文献，搜索统计结果：20 世纪 80 年代，资源共享论文 67 篇，20 世纪 90 年代 495 篇，2000 年到现在已达 4135 篇。其中，各类研究资助基金项目共有 145 篇，博士、硕士学位论文 291 篇，分析发现：从 20 世纪 80 年代开始，资源共享有了初期研究，20 世纪 90 年代有了较大发展；基金项目、博士、硕士论文都集中在 2000 年以后，资源共享研究进入白热化。通过大量文献调研，资源共享研究方向主要集中在以下几个方面。

（1）资源共享基础理论：我国资源共享理论研究是从"文献资源共享"逐渐过渡到"信息资源共享"，徐恩元提出，图书馆文献资源共享，就是指两个以上的图书馆之间彼此共享对方的文献资源以满足本馆读者文献需求的文献利用活动。

国外的信息资源表明，随着数字化技术的不断发展，网络图书馆已经成为信息资源共享的主要平台，其本质在于共建和共享信息资源。信息资源共享是通过各种技术手段建立起图书馆之间以及图书馆与其他相关资源持有机构之间的协作互补关系,以实现共同揭示和共同建设信息资源的目标,从而最大限度地满足广大用户对信息资源的需求。在实现文献资源共享方面,图书馆联盟是一种非常重要的组织形式。通过图书馆联盟,不同的图书馆可以共享各自的文献资源,并将其整合成一个更加完整和丰富的信息资源库,以便更好地服务用户。不过,机会成本高是阻碍资源共享的一个重要原因。由于资源共享需要投入大量的人力、物力和财力,而且需要各方的积极参与和协作,很难在短时间内实现资源共享的全面覆盖。为了解决这个问题,我国图书馆需要更多的政策支持和技术创新,以促进资源共享的发展和普及。

(2)资源共享模式与平台:合理的发展模式决定了资源共享实际所能取得的效果,模式建设是资源共享的根本问题,因此,资源共享模式一直都是图书馆学界研究的重点。从20世纪90年代起,我国学者就把目光投向了欧美等发达国家,注重研究借鉴国外资源共享的成功经验。通过对法国图书馆信息资源共享模式的深入研究可以发现,法国图书馆的信息资源共享实践不仅符合世界各国图书馆的普遍做法,还具有独特的特点。首先,在管理与组织方面,法国图书馆采取了一系列科学的管理制度和组织形式,确保了信息资源共享的高效运行;其次,在联盟经费来源方面,法国图书馆采取了多种筹资方式,包括政府拨款、私人捐赠、商业赞助等,保证了联盟的经济稳定。此外,在技术标准、共享内容与形式等方面,法国图书馆也积极探索新的共享模式和技术手段,提高了信息资源共享的质量和效率。

与此同时,英国图书馆联盟的组织体制和管理体制以及经费来源也是研究的重点之一。英国图书馆联盟采取了分级管理的组织结构,将各个图书馆分为不同的等级,并根据等级的不同,确定不同的管理和服务标准。此外,英国图书馆联盟还通过多种途径筹集经费,包括政府拨款、会员费、商业赞助等,保证了联盟的经济独立性和可持续发展。

综合来看,法国和英国图书馆在信息资源共享方面的实践都取得了显著的成效,这为国内图书馆提供了宝贵的借鉴和启示。我们可以从法国和英国图书馆的成功经验中吸取有益的经验与教训,进一步完善国内的文献资源共享体系,提高信息资源共享的质量和效率。同时,我们也可以借鉴英国高校在信息资源共享方面采取的对策和措施,积极推动我国高校图书馆的信息资源共享工作。

资源共享平台的建设,是实现信息资源共建共享的前提,直接影响着读者获取共享资源的质量。国内关于共享平台的研究有:区域内资源共建共享平台的研究,如潘妙辉、吴昊的《广州市职业教育信息资源共建共享系统平台构建》;孙冬林、鲁兴启以宁波纺织服装产业为例,探讨了区域产业文献资源共享平台的建设;杨思洛、陈湘杰研究了湖南省长株潭区域信息资源共享体系的构建。另外,也有跨区域平台研究,如胡开胜等的高校图书馆与公共图书馆资源共享平台研究等方面的研究与探索;张巧娜、孟树奎的海峡两岸科技信息资源共建共享。还有行业内资源共享平台研究,如查先进探讨了网络环境下政府信息资源共享、保密和平台设计问题;黄书立研究了吉林省党校系统资源共建共享及运行机制;吕莉媛从主观因素(平台建设者和使用者)和客观因素(技术平台、管理平台和标准规范平台)分析了图书馆信息资源共享平台建设的影响因素。

(3)资源共享机制与策略:从物质层面来看,信息资源共建共享的运行机制和保障体系需要建立在先进的技术基础上,包括高速网络、云计算、大数据分析等,以确保信息的高效传输、处理和利用。

从制度层面来看,信息资源共建共享需要建立在健全的法律法规和政策支持下,包括知识产权保护、信息公开、信息安全等方面的政策和法规,同时建立一套完整的管理机制和评估机制,保障信息资源共建共享的公平、公正、公开。

从文化层面来看,信息资源共建共享需要建立在共享精神和创新精神的基础上。这需要我们不仅要积极推动信息资源的共建共享,还需要营造良好的知识共享文化和创新氛围,鼓励人们分享知识、交流经验、创造新思路,不断促进社会进步和发展。

张新鹤、肖希明调查分析了我国图书馆信息资源共享机制现状,指出了我国在建立开放的共享组织及为共享发展提供监督保障和政策保障方面的不足。另外还有对省级、区域内、多校区的图书馆资源共享机制的研究,如刘文清、鄢朝晖对湖南地区图书馆联盟开展文献信息资源共建共享活动,研究了该区的文献信息需求环境、文献资源发展条件、合作组织成员的特点。何伟华、李圣清分析了图书馆信息资源共建共享的研究现状,研究了多校区信息资源共建共享管理模式与管理机制;张新鹤探讨了信息资源共享机制绩效评估的三个维度:机制体系的完备性评估、适应性评估及有效性评估,并具体分析了信息资源共享机制绩效评估的内容。

为了切实保障满足读者的需求,在实现资源共享的过程中,图书馆必须采取有效的措施,才能保证服务的品质与效率。王春梅等从P2P技术的角度出发,探讨了个体读者数字图书馆资源共享策略;翟拥华以行业为出发点,研究区域医学信息资源共享策略;刘继坤分析了图书馆资源共享的现状及不足,提出了基于个性化服务理念的高校图书馆资源共享策略;杨永娟、戚连忠介绍了浙江省内大学、科研院所、公共图书馆三大系统科技文献信息资源的基础情况,并分析了各系统间的问题,提出了浙江省科技文献资源共建共享建设策略。

(4)资源共享法律法规:法律法规是信息资源共享开展的坚实保障。信息资源共享法律方面的研究始于1995年,国内学者肖希明曾主张完善文献资源法规体系,要求在图书馆法、知识产权法、情报工作法规、出版法等多部法律中包含关于信息资源共享的内容;陈传夫从对隐私的保护、知识产权问题等方面阐述了信息资源共享需要法律的保障。严峰认为,实现文献信息资源共享是信息服务中知识产权保护的最终目标,探讨了知识产权与文献信息资源共享之间的关系。王知津等提出在信息资源共享的环境下,资源的保存与利用及其法律权利与义务,如何实现权利与义务的统一等问题。

(三)我国资源共享的主要模式

从20世纪90年代开始,图书馆界开始尝试信息资源共建共享,21世纪初,公共图书馆、大学图书馆、科研情报院所等几个系统迅速开始了共建共享的实践。几十年来,我国信息资源共享工作发展颇具规模,以下从国家级和地方级两个方面分析具体情况。

1.国家级资源共享系统。目前,我国基本形成了以中国高等教育文献保障系统(CALIS)为中心,"全国中心—地区中心—高校图书馆"三级保障结构。CALIS是中国高等教育部主管的国家级学术信息资源库,旨在为全国高校和科研机构提供优质的学术文献资源服务。CALIS的第一、第二期建设已经完成,这两个阶段的建设主要是为了实现不同介质、不同类型的资源之间的集成,包括纸质文献、电子文献、数字资源等。CALIS建立了联合目录数据库、高校学位论文会议论文数据库、高校专题特色数据库、重点学科导航数据库等,这些数据库为用户提供了全面、准确、及时的学术文献资源。

目前,CALIS已经进入了第三期建设,这一阶段的建设主要是利用先进的云计算技术和数字图书馆信息技术,全面整合和提升CALIS原有服务与国内图书馆界的资源服务,实现"一个账号,全国获取"的服务模式。这样,用户只需要一个账号就可以在全国范围内获取CALIS提供的学术文献资源,使得用户使用更加便捷、高效。

国家科技图书文献中心(NSTL)也在为促进理、工、农、医各学科领域国家级文献信息机构之间的资源共建共享而努力。NSTL是由中国科技部组织牵头建设的一个国家级文献信息机构,旨在为国内科技工作者提供优质的学术文献资源。NSTL的建设是为了满足不同学科领域的需求,包括理学、工学、农学、医学等。NSTL与CALIS有着紧密的联系,共同为用户提供优质的学术文献资源服务。

2.区域资源共享系统。区域图书馆资源共享体系建设在近十年发展较好,初见成效。特别是率先在全国实施的江苏省高等教育文献保障系统(JALIS),作为CALIS建设的一个组成部分,已经初步形成了结构优化、布局合理、配置精当的文献收藏系统,形成江苏省高等教育文献信息的保障网络,保证了江苏省高等教育现代化建设目标的顺利实现。2003年,江苏大学图书馆与镇江市图书馆实现连接,建成共享工程市级分中心,即"镇江地区文献资源共享联合体",实现了镇江地区各个图书馆导航、联合书目、数字资源检索下载等服务。"上海教育网络图书馆"通过使用数据化手段整合利用教育信息资源的数字化统一服务平台,为上海各教育单位的教学科研不仅提供了保障,也提高了上海地区各级各类高校的文献保障率和信息服务水平。

此外,广东、吉林、河北、海南等省也都开展了不同程度的文献资源共建共享活动,特别是经济发达地区,如北京高校网络图书馆、广东图书馆文献资源共建共享、天津市高校数字化图书馆、全军医学图书馆资源共享工程、吉林省高等教育优质教育教学资源共享服务平台等。我国西部地区四川省、重庆市已启动部分文献信息资源共建共享建设项目。

3.自主资源共享。图书馆历来都有为读者服务的责任感和使命感,因此为了提高文献服务质量,一些在地域上比较接近的图书馆,自发成立了一些资源共享体系。2008年11月,经广东省教育厅批准,南方医科大学、广州体育学院、广东金融学院三所高校的图书馆加入协作组,成立"天河地区高校图书馆联盟"。2010年元月,广东外语外贸大学图书馆加盟"天河地区高校图书馆联盟",后改名为"广州地区高校图书馆联盟"。此后随着广州中医药大学图书馆、广东商学院图书馆的加入,"广州地区高校图书馆联盟"已覆盖广州主要行政区,含成员馆12所,成为广州乃至华南地区教育教学资源的重要保障基地。

"卓越联盟"图书馆共享服务平台。"卓越联盟"是包括同济大学、重庆大学等10所国内工科强校组成的"卓越人才培养合作高校联盟"的简称。"卓越联盟"各成员高校以共同推动高等教育教学改革与卓越人才培养为目标。2011年,"卓越联盟"各成员高校图书馆共同签署了"卓越联盟"高校图书馆共享合作框架协议;2012年10月23日,"卓越联盟图书馆知识共享服务平台"开通仪式在湖南大学举行,服务平台在各联盟高校同时开通。"卓越联盟"图书馆共享服务平台全面系统整合了联盟各高校图书、期刊、学术论文、会议论文和数据库的资源,实现了联盟内部资源导航和共享。目前,服务平台覆盖的资源有:图书书目330万种,期刊85621种,中文期刊7155万篇,外文期刊10872万篇,开放学术资源3700万篇,数据库503种。联盟高校师生可通过类似搜索引擎的方式"一站式"便捷检索、获取文献资源。该平台同步推出了手机版,方便师生随时随地访问阅读。

北京财经类院校数字图书馆资源共享。2009年12月,北京地区五所财经类高校(对外经济贸易大学、首都经济贸易大学、北京工商大学、中央财经大学、北京物资学院)图书馆与北京世纪超星信息技术发展有限责任公司合作,依托该公司读秀搜索平台和跨库检索软件(Medalink),联合建设了"北京财经类院校资源共享平台",该平台于2010年1月1日正式开通运行,共享资源包括五所院校图书馆的图书目录、电子图书、报纸、11个中文数据库和30个外文数据库。5所高校图书馆的读者在校园网IP范围内无须开户、直接登录就可以很方便地使用检索功能,本馆资源可以直接打开全文链接,外馆资源则提供免费原文传递服务。

二、主要图书馆资源共享体系

资源共享是目前图书馆行业广泛实践着的共享模式,其基础是图书馆联合书目,以实现"共知",在此基础上实现文献的馆际互借和其他图书馆服务,也就是"共享"。下面试就目前国内外已经建成的具有代表性的文献资源共享体系的模式进行分析。

(一)典型的国外图书馆资源共享体系

经过多年的发展,国外图书馆资源共享体系已经非常发达,成为图书馆业务工作的常态,其应用范围广,也广为读者所接受和使用。目前最常用的资源共享体系有OCLC、OhioLINK等。

1.OCLC(联机计算机图书馆中心)。

(1)OCLC概况:OCLC成立于20世纪70年代,总部设在美国的俄亥俄州,是世界上最大的文献信息服务机构之一,是一个不以营利为目的、提供计算机图书馆服务的会员制研究组织,其宗旨是为广大的用户开发针对全世界各种信息的应用,实现资源共享,降低获取信息的成本,通过图书馆的合作将人们和知识连接起来。

（2）OCLC主要服务。

1）联机编目与馆际互借服务：一直以来，OCLC坚持使用最先进的技术维护和管理图书联机编目系统，保证其他图书馆可分享其数目信息的功能。联机编目服务和馆际互借服务是OCLC提供的"核心"服务，其基础是"世界书目"（World-Cat）数据库，是世界上数据量最大、综合性最强的书目数据库，由遍及世界各国一万多家OCLC成员馆通过联合编目共同创建和维护，含有超过5200万条不重复的文献记录，并以每年200多万条的速度在不断增加，覆盖了所有主题范畴和出版类型，涵盖440种语言的出版物，覆盖时段为4000多年，检索命中率高达95%。联机编目服务正朝向整合的方向发展，OCLC试图集成元数据将编目及有关服务整合于同一系统和界面下，提供更加便捷有力的服务。

OCLC联合编目服务的同时向全世界的图书馆和信息中心提供了一种强有力的馆际互借工具。用户通过馆际互借服务的界面检索到需要的文献，确定文献收藏地（图书馆），通过查询"图书馆章程目录"获取有关文献收藏地的图书流通政策、服务方式、服务价格等信息。然后填写求借单发送出借书请求。出借图书馆则通过适当的方式，或传真，或邮递，或通过Arial等将文献送至求借图书馆。

2）OCLC检索服务：1991年开发的第一检索服务（First Search Service）是世界上同类服务中第一个"以最终用户为本"的设计原则的联机参考服务，通过无缝链接，16个主题大类的72个数据库可供读者联机存取超过1000万篇的全文（文本和图像）。中、英、日、法、西班牙文五种语言服务，基本检索、高级检索和专家检索三种不同的检索界面和方式，为不同用户提供了十分友好的服务。图书馆也可通过ECO电子期刊数据库订阅70多家出版社的4600种电子版学术专业期刊。

3）网上联合参考咨询服务：网上联合参考咨询服务（QP）是一种创新性的虚拟参考咨询服务，这种服务由OCLC和美国国会图书馆联合开发，旨在将不同类型图书馆的资源和图书馆员的专业知识结合起来,为用户提供全球范围的联合虚拟参考咨询服务。QP的服务分为本地、区域和全球三级,用户可以通过电子邮件咨询和实时问答方式获得解答。这种服务的特点是超越了时间和地域的限制,用户可以随时随地提出问题,而且问题可以提交到全球范围内的图书馆,得到更广泛的专业解答。加入QP的图书馆只需提交详细档案,即可成为QP的一员,为用户提供更广泛、更专业的服务,是图书馆服务的一个重要创新。通过QP的区域协作网将问题转交给合作的图书馆,也可将问题提交于QP的全球网络,超越了时间和地域的限制。

4)网上图书馆:网上图书馆(Net library)成立于1999年,是OCLC的一个分支机构,通过互联网提供电子图书服务。目前,网上图书馆提供400多家出版社出版的76000多种电子图书,每月新增书籍约2000种,90%以上的图书是1990年后出版的,主题广泛,内容新颖,主要面向大学文化程度的读者,也有少部分是面向中学图书馆的普通题材。网上图书馆向用户提供两种检索方法检索电子图书,读者可通过联机浏览和借阅两种方式进行阅读。电子图书采用一本书在一个时间只供一个读者阅读的操作方式,为图书馆避免重复收藏、联合采购提供了条件。

2.OhioLINK(俄亥俄图书馆与信息网络)。

(1)OhioLINK概况:OhioLINK(Ohio Library and Information Network),即美国俄亥俄州图书馆与信息合作网,始建于20世纪90年代,是由该州17所公立大学、23所社区/专科学院、43所私立大学图书馆和州图书馆构成的资源共享联盟,也是美国最著名的地区电子文献资源共享网络。OhioLINK通过一个综合性的地区图书馆目录和OhioLINK中央书目库(Central Catalog)、一个联机馆际互借系统、各个学科的数据库和48小时的文献配送系统为89个成员机构的60万在校学生、教员和职员提供服务。

(2)OhioLINK主要服务:OhioLINK具有丰富的书目数据、电子杂志、文献全文和多媒体数据库,并提供各种不同的服务。

1)中央藏书目录体系(Central Catalog):中央书目库包含2100万条独特

的主数据,囊括84个成员馆近4000万件馆藏,各成员馆开展联合编目,联机存取书目记录。中央目录库的书目数据来自本地系统,各成员馆将编制的本馆书目记录输送至中央目录库中,中央书目库可连接至各成员馆的OPAC系统和该州以外的图书馆书目资源。该网络的藏书量逐年递增,但目录库重复率并不高。

2)馆际互借(Patron Online Borrowing)与文献配送:中央藏书目录库同时兼具联机馆际互借功能。读者在查阅图书的书目信息和馆藏地后,通过网络向所属图书馆递交申请,同时直接转送到OhioLINK中心处理,便可以实现馆际借阅。该功能为用户提供了极大的方便,活跃了文献信息的流通。1993年,OhioLINK建立了文献配送系统,用户提交申请后,文献配送系统将会通知快递公司在48小时内将图书送达,每年约有1900万册(次)图书以这种方式提供给读者。

3)数据库检索与数字媒体:OhioLINK所能提供的数据库数量是100多种,基本上覆盖了全学科的一些核心引文索引。这些数据库一部分存储在OhioLINK的计算机中心,另一部分则通过因特网直接链接到数据库的提供商。此外,OhioLINK还提供全文数据库服务,含28万篇,其中包括在线词典等一些著名的百科全书等工具书的联机版。同时,OhioLINK无偿提供俄亥俄州参与院校的硕士和博士论文在线电子文本,供读者检索应用。其中有些收藏对全世界公开。

4)电子杂志中心:OhioLINK电子杂志中心目前已收集有28万篇杂志全文,并分成1378个专题向全州读者提供服务。用户可以根据自己的需要,利用系统的检索功能,从该中心获取自己所需资料。此外,用户可以充分利用系统提供的"网上SDI服务"功能。该功能可根据用户的需求,定期运行一个查询软件,从电子杂志库中代表用户进行专题检索。通过使用这一功能,用户可以节省大量的时间和精力,同时获得更高效的信息检索体验。这意味着用户无须费时费力地手动检索,而系统便可自动地为其筛选出相关内容。随后,用户将通过电子邮件收到检索结果,这为用户提供了一种方便快捷的方式来获取需要的信息。

3. 日本 NACSIS。

（1）NACSIS 概况：NACSIS 即学术情报中心。20 世纪 70 年代，随着计算机技术的飞速发展，信息传播和存储方式发生了巨大变化。为了更好地利用信息技术，提高图书馆和信息中心的服务水平，日本政府于 1985 年开始推动学术信息网络的建设。NACSIS 系统应运而生。

NACSIS 系统是日本最早的学术信息网络系统之一，也是最具代表性的。它将全国范围内的国立、公立、私立大学等机构的图书馆、信息中心等连接起来，形成一个庞大的信息资源共享网络。这个网络覆盖了人文、社科、自然科学等各领域的学术信息，为研究者提供了便捷的查询和获取服务。

NACSIS 系统是由全国各大学共同参与建设的，各个机构之间通过网络进行信息交流和资源共享，这种合作模式使得 NACSIS 系统的资源更加丰富、多样化，能够满足不同学科领域的研究需求。NACSIS 系统提供了多种服务，包括联机编目与联合书目数据库、馆际互借、数据库、信息检索、电子图书馆、国际交流与教育培训等，为研究者提供了更加全面、高效的学术信息服务。虽然 NACSIS 系统是由日本政府推动建设的，但它并不是一个独立的藏书体系。它主要是将各个图书馆的各种二次目录信息集中起来，形成了一个"书目共同体"，这种模式虽然没有形成一个实体的统一藏书体系，但是它在信息资源共享和利用方面取得了非常显著的成果。

（2）NACSIS 提供服务：NACSIS 在学术信息领域一直是一个有影响力的机构，主要在以下六个方面提供服务。

一是联合书目数据库服务，包括目录系统和馆际互借系统。NACSIS 为全国各大学图书馆提供联合目录数据库和馆际互借服务，使得读者可以方便地查询其他大学图书馆所持有的图书并进行借阅。

二是信息检索服务。NACSIS 提供超过 9000 万条学术信息的 50 多个不同领域的数据库，并能够快速准确地为研究者提供学术研究信息，用户可以轻松地得到他们需要的信息。

三是学术信息网络服务。NACSIS建立了学术信息网络SINET,在全国29个节点上连接着各种研究者终端的学术研究专用信息通信网,实现了各校校园网之间的相互连通,方便了科研人员之间的交流。

四是电子图书馆服务(NACSIS-ELS)。NACSIS提供学术杂志论文电子化信息服务,用户可以从杂志封面或目录查找文章并利用关键词进行检索;该服务还具有检索二次文献数据库和方便的文献页显示与打印等特点。

五是国际交流与研发服务。NACSIS与英国收藏日本语资料的主要研究图书馆合作,互相检索书目信息并向英国图书馆直接申请文献复印和网上借阅。此外,NACSIS还为来自美国、英国、法国、德国、澳大利亚和韩国等海外大学和图书馆提供信息检索服务。

六是研究开发服务。作为学术信息机构,NACSIS连接全国大学图书馆和其他信息机构,共享信息资源,并提供网络服务促进这些机构之间的研究者交换学术信息。

NACSIS致力信息处理、传递软件和硬件的研究开发,重视前瞻性和应用性,在研究开发方面,NACSIS不断努力推进学术信息的处理和传递,并提供最新的技术支持,以适应快速变化的学术信息需求。为此,NACSIS不断改进其硬件和软件设施,关注前沿技术趋势并积极投入研究和实践中。例如,它开发了针对数字传媒元数据处理、Web搜索引擎优化、自然语言处理等方面的技术,还开展了多项涉及无线网络、安全与隐私保护、人工智能等领域的研究,不断开创学术信息研发的新局面,NACSIS致力于建立合作伙伴关系,与其他国际机构共同开展研究项目,从而促进全球范围内学术信息的交流与合作。

4.欧洲数字图书馆(EDL)。2005年,为了制衡Google全球数字图书馆计划,时任法国总统希拉克提议创建欧洲数字图书馆,同年4月,欧洲19所国家图书馆正式签署了"欧洲数字图书馆声明";同年7月,法国政府成立"欧洲数字图书馆"筹建协调委员会,研究法国历史文化财产的数字化计划,并通过欧洲委员会协调整个欧洲的数字图书馆的建设工作;10月,欧洲委员会发表宣言将进行欧洲"历史和文化遗产"数字化战略,旨在数字化处理并保存欧洲遗产记录,包括图书、电影、片段、照片、手稿、讲演和音乐,使之便于世界各地的人们网上获取。

EDL是欧盟大力推广的重要文化项目之一。EDL的数字化收藏包含了欧洲文化的方方面面,从书籍、音乐、电影、报纸、相片到博物馆藏品等,尽可能地涵盖了欧洲各个领域的文化遗产。数字化处理不仅可以保护这些宝贵的文化遗产,还可以让它们不受时空限制地传承下去。EDL提供了开放平台,任何人都可以免费下载和使用这些资源。此外,网站支持多种语言服务,并保证版权自由,通过EDL,世界各地的人们可以分享欧洲的非凡文化遗产,促进全球文化交流与互动。作为一个数字化文化遗产库,EDL无疑扮演着重要的角色,在保存和普及欧洲文化遗产方面其价值不可估量。

(二)国内主要的图书馆资源共享体系

1.数字图书馆推广工程。2011年,中国政府的数字图书馆推广工程是在提高公共文化服务水平和保护国家文化资源的背景下提出的。该工程旨在以国家数字图书馆为中心,促进全国各级数字图书馆之间的互联互通、共建共享,建立完善的数字图书馆虚拟网,为公众普及知识与文化提供更多元、更便捷的途径。

数字图书馆推广工程的核心是建设分级分布式的数字资源库群,通过统一规划和管理来实现数字资源的建设、维护和服务。数字资源包含了大量的电子书籍、音乐、影视作品、杂志、报纸、图片和博物馆藏品等,这些珍贵的文化遗产可以通过数字化方式得以保存和传承。

此外,数字图书馆推广工程还致力构建多层次、多样化、专业化、个性化的数字图书馆服务平台,满足不同用户需求的同时,对数字资源进行有效组织、整合、挖掘和利用。数字资源采用标准化的元数据格式进行分类管理,可以实现集中式和统一化的检索服务,并且支持基于移动通信网和广播电视网等应用的数字图书馆服务。

数字图书馆推广工程的成功实施将会促进全国文化信息资源共享工程和公共电子阅览室建设计划的发展,提供优质的数字资源服务,该工程还将有助于推动数字文化产业的发展,促进文化与科技的相互融合,为中国文化事业繁荣发挥积极的作用。数字图书馆推广工程的实施不仅提高了公共文化服务水平,还促进了网络文化建设和信息化进程,让更多的人方便地获取知识、了解文化、享受艺术和创新生活。数字图书馆推广工程的成功在全球范围内得到了广泛关注和赞誉,对于全球数字文化领域的发展也具有重大意义。

2.国家科技图书文献中心(NSTL)。NSTL的成立是中国科技信息发展史上的一个重大里程碑,它标志着中国科技信息资源共建共享迈上了一个新阶段。NSTL以"统一采购、规范加工、联合上网、资源共享"为基础原则,致力推广科技信息资源的共享发展,充分发挥各地区及单位之间的协同作用。无论是收藏还是开发理、工、农、医等各个领域的科技文献资源,都是NSTL最核心的任务之一。为此,NSTL通过不断完善数据加工标准和规范制度,建立起全面的科技文献数据库,促进了国内外科技文献信息资源的有效整合与利用,为科学家和学者提供了便捷高效的查询服务。

在现代网络技术的支持下,NSTL也涉足了多种服务形式,包括文献检索、期刊浏览、全文文献、引文检索、代查代借、参考咨询等服务,用户能够快速找到所需的文献信息。除此之外,NSTL还为全球注册用户免费提供了近万种外文期刊和其他类型文献的搜索服务,并且可随时向系统提出全文传递请求,让用户能够轻松获得所需信息。

NSTL还与国内外相关机构和企业展开了合作交流,探讨科技信息数字化应用和开发的新思路和新模式,提高质量,满足用户大众需求。无论是对于科学研究者还是学术界人士来说,NSTL都发挥着不可或缺的作用,促进中国的科技信息化建设,推进高质量科技文献资源的共建共享,致力于打造更加完善优质的数字资源服务体系,为文化事业的蓬勃发展做出更大贡献。

3.中国高等教育文献保障系统(CALIS)。

(1)CALIS概况:CALIS是一个属于高等教育"211工程""九五""十五"总体规划中的公共服务体系,由文理、工程、农学、医学四个全国文献信息服务中心、七个地区信息中心和一个东北地区国防信息中心组成。CALIS旨在通过建设完善的数字化资源、搭建文献信息服务网等方式,为全国高校和科研机构提供便捷的知识搜索、获取、传递与管理服务。CALIS提供了一些重要的功能,如公共检索、馆际互借、文献传递、协调采购和联机合作编目等。这些功能可以帮助高校和科研机构更好地实现高等教育资源的合理优化配置,并致力实现信息资源的共建、共知、共享,以便深化资源的有效开发和利用,CALIS努力提高高等学校教育和科研的文献保障水平,为国家的高等教育和科技进步做出贡献。CALIS二期建设目标是发展到全国1000所高校,为全国高校系统服务。2014年,CALIS三期已经完成建设并面向高校图书馆开展普遍免费服务。

(2)CALIS的共享服务。

1)CALIS联合目录数据库建设:CALIS联合目录数据库是在1997年建立的,旨在为高等教育机构提供更加便捷、快速、精准的文献和知识搜索服务。该数据库集成了四个全国文献信息服务中心、七个地区信息中心和一个东北地区国防信息中心,以高校图书馆为服务对象,通过联机合作编目、编目数据批量提供、编目咨询与系统培训等业务,帮助成员馆提升了书目数据库建设的质量和效率。

截至2008年6月,CALIS联合目录数据库已经积累了235余万条书目记录,其中覆盖了印刷型图书和连续出版物、电子期刊和古籍等多种文献类型。数据库具有实时性强、数据质量高的特点,不断完善的检索功能和内容比较功能使得用户可以快速、准确地检索到所需文献。此外,CALIS联合目录数据库还为高等学校推广新型的数字化资源与文献信息服务,力争实现打破文献资源孤岛和固化模型大量重复建设的瓶颈,积极探索并形成了数字资源共建共享的工作模式,推动着高等学校的信息共建、共享、开放,并最终有助于丰富国家科研和学术资源。CALIS联合目录数据库极大地提升了高等教育机构及科研人员们使用工具的效率,因而赢得了广泛好评,是国内外高校图书馆和文献情报工作者必不可少的信息化服务资源。

2)统一检索系统:CALIS统一检索平台是一个集中多个数据库的资源库,为用户提供基于异构系统的跨库检索服务。通过它,用户可以方便地访问130多个国内外资源数据库,并在20个数据库上同时查询多种资源。该平台为高校图书馆和文献情报工作者提供了必不可少的信息化服务资源,他们只需要输入一个检索式,就可以轻松获得详细记录和全文下载功能。此外,"CALIS统一检索"还实现了与其他应用系统无缝集成,并提供统一用户管理和馆际互借等功能。这些措施大大简化了用户的使用流程,提高了平台的易用性和效率,让高校图书馆和文献情报工作者更加轻松地进行资源检索和管理。

3)数字资源联合采购:数字资源联合采购,又称集团采购,是一种共同采购模式。CALIS自1999年创建以来一直采用联合采购的模式,引进和共建了许多国内外文献数据库。该模式为CALIS的各成员馆节约了大量经费,并提高了它们的文献水平。

采用数字资源联合采购模式有以下优势:首先,联合采购可以获得更好的价格和服务。通过联合采购,CALIS可以与厂商谈判并达成更具竞争力的价格,获得更好的服务、支持和培训等。其次,可以避免重复采购和浪费。CALIS的联合采购模式可以避免各成员馆因个别需要而进行重复采购,从而减少浪费和重复投入;最后,可实现资源共享和协作。CALIS的联合采购模式可以使各成员馆共享采购的资源(如数据库、电子图书等),并在相关领域开展协作和联合研究,提升整个网络的学术水平。

目前,CALIS已组织了40多个数据库集团,购买了200多个数据库,共有全文电子期刊2万多种,其中外文电子期刊1万多种,电子图书2万多种。全国已有500多个大学和科研机构、累计3000多个馆次参加了集团采购。

4)馆际互借与文献传递:CALIS中心联合全国46所高校图书馆,是为促进全国高等教育资源共享与交流而建立的综合性服务平台。在此背景下,CALIS中心牵头建设了"馆际互借/文献传递服务系统",是为更好地在高校开展馆际文献资源共享和互借提供支持,并推动各高校之间知识共享的可持续发展。该系统利用网络技术,实现对全国范围内高校图书馆藏书资源的整合和利用。经过多年的发展与完善,"馆际互借/文献传递服务系统"已经拥有完善的网站界面、便捷的操作流程和高效的申请处理能力。馆际互借和文献传递服务系统的开通,使得各高校学者可以快速便捷地获取不同地区、不同学科领域的文献资源,为他们的研究工作提供了极大的便利。此外,该系统还实现了真正意义上的资源共享和交流,落实了全国高校图书馆资源共建共享的要求,形成了高等教育学术共同体的坚实基础。

4.大学数字图书馆国际合作计划(CADAL)。大学数字图书馆国际合作计划早期称为中英文图书数字化国际合作计划(CEED),于1997年由中国教育部、英国教育文化部和英国图书馆协会等机构共同发起。该项目旨在推动数字资源建设和知识服务的国际合作,促进数字文化遗产共享和交流,满足信息化时代知识产业和学术研究的需求。

CADAL项目是中国高等教育数字资源建设中的重要组成部分,其目标是建立一个覆盖多个学科、数量庞大、内容丰富、实现全球范围服务的数字化学术图书馆。该项目已得到国家投资,成为教育部"211工程"重点建设项目之一,并由浙江大学联合国内外高等院校、科研机构共同承担。

CADAL项目分为两期,一期共花费了5年时间,于2003年基本完成,二期则于2009年启动,计划完善服务体系并完成150万册(件)数字化资源的建设。CADAL项目建设的数字图书馆集成了众多的数字化资源,包括理、工、农、医、人文、社科等多个学科领域的科学技术和文化艺术等多种类型媒体资源,同时也提供"一站式"的个性化知识服务,包括检索、阅读、下载、分享等功能。通过互联网向参与建设的高等院校、学术机构提供教学科研支撑,并秉承共享精神,与世界人民共享中国学术资源,宣传中国的文明与历史,为推动数字图书馆的发展做出了积极的贡献。

5.中国高校人文社会科学文献中心(CASHL)。2004年3月,教育部根据全国高校人文社会科学的发展和文献资源建设的需要,正式设立了中国高校人文社会科学文献中心(CASHL)。自成立以来,CASHL不断推动着中国高等教育和人文社会科学的蓬勃发展,成为我国高校图书馆领域和全球人文社科领域的重要力量。该中心秉持服务、共享和创新的理念,旨在集合高等学校图书馆的优势资源,通过引进和收藏国外人文社会科学文献资源,结合先进的网络服务体系,为我国广大高校、哲学社会科学研究机构和工作者提供涵盖多种学科领域的综合性文献信息服务。

CASHL一直致力收集、整理、传递和共享国内外人文社会科学领域的最新研究成果和前沿知识。截至目前,CASHL已经收藏了近2万种国外人文社会科学领域的核心期刊、重要期刊、1956种电子期刊、35万种电子图书、112万种外文图书以及"高校人文社科外文期刊目次库""高校人文社科外文图书联合目录"等丰富的数据库资源。各种数据资源的数字化、智能化和共享化也成为CASHL推进智慧科研和知识共享的新模式和新方向。

CASHL以促进高校协同发展为己任,其资源和服务体系不断完善和拓展。CASHL分设两个全国中心、五个区域中心和十个学科中心,覆盖了全国700余家高校和相关研究机构,为广大读者提供了方便快捷的文献借阅服务。同时,CASHL通过建立完善的人才队伍和技术保障体系,开展各种专业培训和咨询服务,帮助用户掌握最新的信息检索和利用技能,提高论文写作和学术研究的水平。

在智慧科研的推进方面,CASHL积极倡导共享经济模式,促进资源的数字化与可视化。CASHL大力推广"云"服务,建立了由CASHL管理的"中国高校人文社科数据仓库",将多样化的数据集成到统一平台上,方便用户随时获取所需数据,实现资源共享与互通。CASHL还通过整合和提供多来源的知识产权组织间数据,支持企业创新,促进经济发展。

6.广东省信息资源共享工程。1995年,由广东省科技厅牵头,联络全省大多数科研机构建立了广东科技信息网,随后又联合广东省立中山图书馆,整合了中山图书馆数字资源、金科网中文数据库资源和省科技图书馆电子图书,建立了广东省网上科技文献馆。2001年广东省科技情报所组织联合省内多家单位,共同建立了广东省科技文献联合馆藏共享及提供系统。2002

年广州6所高校合作建成广东高校网络图书馆。2003年广东省启动文化信息共享工程,建成拥有90万种电子图书、1500万篇期刊论文、12万篇硕博士学位论文、16万篇学术会议论文、数十个事实型数据库的数字化资源库群,大力开展网上信息服务,平均每天提供电子图书在线阅读量达810万页,网上参考咨询免费解答读者咨询600多例,远程传递文献2300多册;2004年被评为"全国文化信息资源共享工程建设先进单位"。2009年"珠江三角洲数字图书馆联盟联合目录平台"开通使用,这是我国公共、教育、科技系统图书馆共同建立的首个跨系统文献资源共享平台,实现了系统内联合馆藏目录、联合参考咨询与文献传递网无缝链接,可提供416万种中外文图书、9953万篇中外文期刊、668万篇硕博士论文等丰富信息资源。此外"广东地方文献资源共建共享平台""中国图书馆联合参考咨询联盟"两个项目也在实施中。

7.天津高校图书馆文献资源共享体系。这是国内最成功的区域性文献资源共享体系。天津市在"十五"期间投资了建设项目"数字化图书馆建设",于2001年启动。天津市的高校图书馆全部以成员馆身份参加该项目。"十五"期间,天津市累计投入经费7000余万元,各校自筹配套经费也达到数千万元。天津高校图书馆文献资源共享体系由天津高等教育文献信息中心进行管理,同时也是CALIS天津市中心。其共享体系在以下两个方面具有突出特色。

(1)联合自动化集成管理系统平台的建设:共享体系统一采用Unicorn系统软件平台,共享一个系统平台、一个服务器、一个中央数据库。多个图书馆在一个系统平台上共同使用一套具有国际先进水平的自动化系统,大大减少了软硬件方面的开支,减少了重复劳动,将成员馆的现代化管理水平拉近到同一层次,为共享体系构建了良好的基础平台。

(2)中文版本图书馆的建设与管理:为了补充天津市各高校图书馆馆藏书品种的不足,促进高校乃至更大范围的文献资源共享,2005年开始建设中文版本图书馆,每年采集国内出版的专业图书8万种,成为天津市文献资源共享体系的重要基础设施。

8.重庆大学城资源共享平台。重庆大学城资源共享网络平台于2008年启动,旨在促进高校资源共享,提高高校图书馆服务能力。其中网上图书馆项目扩展到整个重庆市高校范围,以"馆际互借,资源共享"为核心,是基于馆员和读者的新一代图书管理平台。通过建立七大系统,包括教学、科研、生活设施、就业信息共享等,建设智能化的交流合作平台,实现高效、便捷的信息资源互通和共享,推动了重庆大学城高校资源共建共享的发展。网上图书馆实现了馆际互借,通过大学城"一卡通"借书证,实现区域内网上预约、通借通还、送书到馆等服务;可以进行文献传递,通过传真、邮寄、E-mail等方式实现对纸质和数字资源的传递服务;开展了联合参考咨询。由各馆推荐组成区域性联合咨询馆员,面向区域内读者提供联合参考咨询服务。

(三)图书馆资源共享的主要优缺点

通过对上述较为成功的文献资源共享模式的分析,也就是未来图书馆共享的发展之路,学者分析了资源共享的优缺点。

1.可供借鉴的经验。

(1)统一部署,注重协作:国外资源共享计划性强,协调性好,重视整体的系统建设,注重建设质量和实际的效果。如美国图书馆信息共享组织完善、合作基础良好、共享成员间联合合作密切,且有专门的管理委员会负责管理。我国CALIS系统由国家统一部署,下设文理、工程、农学、医学4个全国文献信息服务中心、7个地区信息中心和一个东北地区国防信息中心。

(2)推广范围广、力度高:国外资源共享发展时间较长,实践经验丰富,推广范围广,力度高。如日本的NACSIS,隶属于文部省,覆盖了日本所有的大学,是日本全国性综合信息共享系统,也是日本文献资源保障体系的中枢,NACSIS-CAT书目记录已达亿条;美国图书馆联盟已达200多个,OCLC已经发展成为今天世界上最大的图书馆网络,为全球170个国家和地区超过72000个图书馆提供服务,且OCLC的50个图书馆联盟中,跨系统的联盟多达43个。

(3)资源共享多样化:美国图书馆联盟各成员馆馆藏有重点、有特色,联盟众多,发展迅速且程度较高,甚至有国际范围资源共享的超级联盟,这些联盟以集团购买电子资源为基础,将互联网作为手段,提供多种多样的服务,除了馆际互借、文献传递、联合采购、远程教育等日常服务,还出现了工作经验、业务培训、系统支持等人力资源、管理资源方面的共享。如 NEOS 联盟为馆员安排每年一天的讨论会,分享技术上或工作经验方面的经历。资源共享理念渗入联盟管理、运营、服务的方方面面。

(4)注重科学研究开发:国外资源共享非常重视研究项目的开展,在纸本文献数字化、资源利用最大化等方面进行了大量的研究。例如,OCLC 在肩负着建设网络和维护网络任务的同时,也投入大量的资金支持新技术的利用和创新,每年用在产品与服务改进、新技术研发等的费用在千万美元以上,日本 NACSIS 的学术信息网络专门为各个研究者终端提供学术研究专用的信息通信网,以促进大学、研究机构的学术信息交流;美国数字图书馆联盟(DLF)必须满足"具有重大的研究和开发能力"这一条件才能成为其盟友。

2.图书馆资源共享的不足之处。

(1)缺乏统一部署,模块化、重复性建设现象严重:由于我国图书馆在行政上归属于不同的行政管理部门,长期以来,导致图书馆事业缺乏条块分割,缺乏协作意识,整体宏观调控力度不足。如根据 CALIS 项目进展,广州省教育厅与中山大学共同建立了"CALIS 华南地区中心",在随后的十多年中,广东教育厅与华南师范大学共同建立了"广东网络图书馆",广东省中心图书馆委员会组织建立了"广东省文献资源共建共享协作网",广东省六所高校图书馆组织成立了"广州地区高校图书馆联盟",这些项目建设的目的一致,但分属不同的管理部门,有重复建设的情况。

(2)主动性不足,重点关注文献,少有关注读者:我国图书馆资源共享项目是为了促进图书馆之间的合作与资源共享而设立的,其中包括联合书目、联合采购和版本图书馆等方面。这些项目都是重点立足于文献资源建设的体现,旨在提高各个图书馆在文献资源上的信息共享与互通水平。不过,仅有这些项目并不足以满足读者方便使用这些文献资源的需求,为此需要进一步推动文献资源建设项目。

(3)时间和空间范围有限:尽管中国高等文献保障系统(CALIS)在发展方面取得了一定的成熟度,但CALIS在普及方面存在较大的挑战,需要进一步探索有效的推广途径和方法,如天津市高校图书馆共享模式有些理想化,空间上有局限,如在校大学生读者毕业后,出了天津市的范围,就不能使用这个文献共享体系,且使用时间仅限于在大学期间。

(4)共享体系的可持续性发展与维持:国外资源共享项目建设除了政府拨款,还有基金会、联盟会费、年费、经营性收入等,如2010年、2011年OCLC元数据服务收费与文献传递收费分别占联盟总收入的69%、57.6%,是OCLC经费的主要来源。而我国资源共享项目主要依靠财政拨款,没有建立一个可持续发展的资金保证体系,一旦政府不再拨款,资源共享项目则难以为继。如CALIS和CADAL这两个文献资源共享体系,均依靠国家财政的项目拨款,一旦项目建设完成之后,今后又没有申请到后续项目,则会受到很大的影响。

(5)相应的法律法规及制度不完善:图书馆资源共享的健康发展需要法律法规的保障。数字图书馆的发展导致了纸质文献利用率逐渐下降,但由于版权保护等原因,读者真正需要的数字文献不易在网络上直接获取。为获得这些数字文献,大多数读者仍然采用传统的复制、扫描等方式,这种做法却带来了相关的知识产权纠纷和信息安全问题。

因此,图书馆行业急需一种新的共享形态和共享理念,来弥补上述不足,在新的社会环境、信息技术环境下提升图书馆的管理和服务水平。学者提出,应当构建以服务为核心的共享模式,来实现这个目标。

第二节 高职院校图书馆服务共享

"我们淹没在信息的海洋中,却饱受着知识的饥渴"——约翰·奈斯比特的预言恰到好处地形容了我们目前面临的信息环境。的确如此,数字文献已经超越传统文献,成为和物质、能源并列的三大社会基础资源的问题。图书馆作为一个开放的知识与信息中心,已不再是简单地将资源共享出来,更多地是要满足读者的"不同口味"的需求,帮助人们获取知识。由此看来,服务共享则应该是图书馆下一步关注的重点。

一、服务共享概述

(一)"服务共享"起源和研究现状

服务共享,简单地说是指经营机构的一种共享机制,各经营机构或组织共同分享一套服务体系而不是各自建立独立系统而导致重复服务。

"服务共享"一词的起源至今还有争议,有人认为是20世纪80年代,美国通用电气公司建立的从事客户服务业务的全球性组织,加盟机构采用统一的服务标准和体系,这是早期的服务共享的模式,是服务共享的起源。但有人认为这一术语应该起源于A.T.Kearney在1990年的一次研究实践,这项实践包括强生公司、IBM公司、美国电报电话公司、杜邦等多家公司采用的财务共享。这两者的服务共享都是提供重复的服务机制和体系,如人力资源、市场营销、采购及研发等。

随着经济全球化、一体化的趋势愈加强烈,公司、酒店、航空等传统行业在构建其信息系统时,都希望其内部实现信息化管理,又希望与外部系统能够灵活地数据交换,这一趋势在互联网出现以后越发明显和迫切,此外传统行业为了扩大经营规模,就必须突破地域的限制,利用信息技术的快速发展。各种连锁经营、服务外包、联盟服务等新型服务共享模式逐渐成为社会的主流,在各行各业都得到大量的应用。

自21世纪以来,图书馆行业也逐渐将关注的重点从文献资源转向图书馆服务,一方面资源数字化使得读者到实体图书馆越来越少,另一方面更加关注读者的需求,成为图书馆服务的共识。沈勇将数字信息资源进行有效整合后,就如何开展服务共享的模式进行了研究,认为海量信息的飞速产生,迫使各类文献机构把工作重心从如何获得信息,转到如何准确地过滤和有效利用各种信息上来,文献信息资源整合由于能有效地消除信息孤岛,提高各种信息资源的利用效率而成为大家广为流传的话题,在综合运用文献调研法、比较分析法、专家咨询法、层次分析法以及实证分析方法和计算机领域的相关技术方法进行理论探讨和实证研究,对国内外数字信息资源整合系统进行全面深入的比较分析的基础上,明确国内数字信息资源建设存在差距,借鉴比较成功的数字信息资源整合模式和整合系统,为提出整合策略和构建整合模型奠定了理论基础。苏建华则研究了数字图书馆联盟的服务共享模式,分析比较目前数字图书馆联盟服务共享的模式,提出基于SOA和Web技术构建新的联盟服务共享模式的途径和思路,并详细论述了新模式的服务体系。

郭海明研究了公共图书馆的服务共享模式,认为知识的公共性决定了图书馆的公共性,共享的公共图书馆服务体系是在知识公共与资源共享的背景下发挥作用的新型图书馆服务场所、资源、设施与组织的空间体系,突破了单一服务体系的封闭性,提供开放共享的信息服务环境,为读者实现了广阔的信息共用、服务共享和思想共有。公共图书馆服务体系应该考虑四大空间体系,即物理空间上的网点体系、虚拟空间上的网络体系、事业空间上的服务体系以及信息空间上的资源体系。余凌研究了图书馆联盟的机制,认为图书馆联盟实际上是各个图书馆的联合体,其实质是以联盟的形式实现各个图书馆之间的资源共享。

共享模式有五种:基于OPAC系统的服务共享模式;基于导航系统的服务共享模式;基于跨库检索系统的服务共享模式;基于网络参考咨询系统的服务共享模式;基于链接系统和跨库检索系统整合的服务共享模式。更多的研究则围绕在资源共享的基础上,如何采用联盟化、信息技术升级、SOA 服务理念等,扩展文献服务的范围,深入开展文献整理和知识组织方式等工作,开展新型的图书馆服务,满足读者的各种需求。

(二)图书馆服务共享的基础

图书馆服务共享的提出,是 21 世纪以后,随着信息技术的快速发展,图书馆对读者的重视越来越高而逐渐产生的。特别是 Web2.0 的出现,个体化的共享、参与成为服务主流,图书馆也开始尝试图书馆 2.0 理念和相关技术提升文献服务,使图书馆在完善文献资源支撑体系的同时,关注读者个性化需求,逐渐深化服务,拓展服务,提升图书馆管理水平及服务质量。在此背景下,图书馆服务共享应运而生。

这是一个服务的时代,对于图书馆而言尤其如此。图书馆的本质是利用各种文献资源而开展的公共服务,需要满足读者的服务需求。服务是图书馆的永恒主题,"读者第一,服务至上""读者永远是正确的""读者是上帝"等诸多口号的响亮呐喊,让图书馆逐渐结束了"以藏为主"的旧时代。在整个图书馆业务流程中,文献资源是基础,而服务是必要的手段。大学图书馆作为学术型机构,主要服务对象是师生,应该及时全面地了解他们对文献资源的需求,提高自身的服务质量和读者满意度,从而实现学术型图书馆的根本价值。在科技发展的背景下,构建以用户需求为核心的服务模式是最基本的价值观,图书馆应该通过创新服务理念和服务思想,利用各种技术手段提供更优质的服务,如在信息技术行业广泛应用的 SOA 和云计算,在图书馆较为成功的服务型理念——图书馆 2.0。

1.Web2.0。

(1)Web2.0 的诞生:"Web2.0"这个概念源于 2004 年,身为互联网先驱和 OReilly 公司副总裁 Dale Dougherty 在一场头脑风暴论坛中指出,伴随令人激动的新程序和新网站间惊人的规律性,互联网不仅远没有"崩溃",甚至比以往更重要,那些得以活过泡沫破裂的公司之间似乎拥有某种相同点,这也是互联网的一个转折点,就是诸如"Web2.0"这种运动。Web2.0 是互联网的第二个发展阶段,与传统的Web1.0相比,其更加注重用户体验和交互性,并强调协作、共享和社交。Web2.0倡导"用户至上"的理念,认为用户不仅是信息的获取者,也是内容的创建者和分享者,以及平台的升级者和改善者。在Web2.0时代,网站不再是单向传递信息的载体,而是成为一个互动的社交平台,促进了用户之间的互动和交流,提高了用户满意度和忠诚度。Web2.0推动了互联网经济和社会变革的进程,催生了许多创新的商业模式和产业链条,Web已经成为信息时代的重要标志和发展趋势。Web2.0的网络传播与文字、印刷、电视的发明不同,它不是一个习惯性的自上而下的传播,而是一种自发组织式的传播形式,从下到上的进行传播。技术再次改变着整个社会,Web2.0的改变无疑是具有革命性的,如果说Web1.0是以数据为核心的网络,Web2.0就是以人为出发点的网络。

(2)Web2.0特征和相关技术:Web2.0的出现彻底颠覆了传统的互联网信息传递和交流模式,是互联网发展的一个重要里程碑,它在传统的Web1.0基础上增加了更多的交互性、实时性和社交化等元素。相对于Web1.0中静态页面和单向信息传递的模式,Web2.0的特点在于其去中心化、开放和共享。首先,Web2.0让用户成为内容的创造者和传播者,给予用户更多的表达自己观点和交流的平台;其次,Web2.0通过信息聚合的方式,将海量的信息整合在一起,使得用户可以方便地获得所需的信息,并且可以根据自己兴趣的不同进行筛选。此外,Web2.0提供了以兴趣为聚合点的社群,这种模式强调了用户之间的相互作用和协作,使得用户可以轻松地与他人分享经验和知识,从而形成共同的价值观和信念体系;另外,Web2.0还包括开放的平台和活跃的用户,这意味着平台本身具有高度的开放性和互动性,鼓励用户参与平台的各个环节,共同打造更好的生态系统;最后,Web2.0的实现离不开各种技术,例如,博客、RSS、Wiki、网摘、社交网络(SNS)、P2P和即时信息(IM)等,这些技术为Web2.0提供了多样化的功能和工具,满足了用户不同的需求。总之,Web2.0的出现极大地推动了互联网的发展,它为用户提供了更加灵活、开放和社交化的体验,让人们更加便利地获取信息、分享知识,并且打破了传统的信息传递模式,实现了真正的双向沟通和交流,Web2.0是一个创新性的概念,代表了互联网的发展趋势和未来方向。

(3)Web2.0文化:关于2.0文化究竟是怎样一种文化现象,目前社会上已经有了一定的讨论,但尚未有确切的定义,仅有局部的个别讨论和描述。2.0文化既有被贴上后现代主义标签的草根、狂野和失落特征,也具有多元化、原生态、弱势文化保护和通俗文化传播的良性方面。同时,2.0文化超越了单纯的技术范畴,成为一种广泛影响个人、社会和互联网的文化,可能对全人类生活产生重大的影响,从而需要推广和普及。而从Web2.0理念本身理解,2.0文化就是人文的文化、参与的文化,共享的文化。不管怎么理解,2.0已经成为一个事实的文化现象。中国互联网信息中心的统计数据显示,2000—2007年,中国网民的人数从2250万攀升至1.37亿,这一数据还在持续增长,2010年12月,我国网民总数飙升至4.57亿,互联网普及率攀升至34.3%,网民规模居世界第一。Web的不断发展为图书馆智能化奠定了基础。下面我们看看Web1.0到Web6.0各有什么特点。

第一,Web1.0是以信息共享为核心的阶段,虽然之前已经有多种技术实现了信息共享,但Web技术的出现和逐步完善,使得自描述性成为Web系统强大的生命力,并让Web成为人类信息共享的第一设施。

第二,Web2.0强调信息共建,赋予普通人话语权,带来了前所未有的信息泛滥和混乱。此时,搜索引擎成为必不可少的工具,但也无法杜绝陷阱病毒、区分垃圾信息或进行系统化处理,因此Web技术需要进一步发展和探索,以打破这些局限。

第三,Web3.0强调知识传承,认为计算机科学技术的内在本质就是集聚人类智慧、促进信息共享。在Web3.0中,我们不仅要解决陷阱病毒和垃圾信息问题,更要有序化系统化整个Web世界,以全Web资源为基础建设出一个"Web图书馆"来实现人类自身的"知识传承"。

第四,Web4.0强调知识分配,认为在Web3.0时代,人们可以随意获得各种知识,但并不知道自己该学习哪些知识,从而需要一个系统来进行知识的匹配和分配。Web4.0的核心任务就是建立一个知识分配系统,以解决个体与知识之间的匹配问题。这个系统将会根据个体的特征和需求,提供针对性的、个性化的知识服务,帮助人们更加高效地获取需要的知识,实现知识的精准分配。

第五,Web5.0的核心概念是语用网,强调网络整体性和Petri网理论的应用。传统计算机技术基于图灵机模型,而Web5.0将网络整合为一台计算机系统并转向Petri网理论,实现了基于语用学的计算机系统技术发展。因此,Web5.0的技术基础是语用网,这为网络整合带来了更加高效、灵活和智能的可能性。

第六,Web6.0代表着互联网和物联网初步结合的全新模式,拓展了人们感知世界的能力。它不仅仅是互联网技术或衍生思想上的变革,而是整个信息世界的物理基础正在发生改变。在Web6.0里,人们可以通过自己的五官参与信息的传递和处理过程,拥有调动感官的无限权力,通过重新发现世界来改变世界。因此,Web6.0将会给广大网民带来更加便捷、高效和智能的体验,以及更多的机会和可能性。

从各种互联网使用情况来看,网民认为互联网对自己的学习、工作和生活非常重要,分别占到41.1%、45.8%和29.8%;网民每周使用互联网的时间从2001年的8.5小时攀升到现在的16.9小时。由此看来Web的应用将会随着互联网普及率的上升而得到更大的发展,与此伴生的文化,也将越发地显现其特征。

2.图书馆已经形成以读者为中心的服务理念。来自千百年来沿袭下来的观念的压力,来自Google的压力,来自开放获取运动的压力,等等,使得进入21世纪以来的图书馆,开始寻求改变。图书馆是否会成为一种更加面向大众的新型信息中介机构,或者逐渐被网络的信息服务所替代而成为类似图书的博物馆、文物收藏机构,都成为业界学者所关注、思考的重点。

Web的发展,给图书馆带来了新的理念和思路的同时,也带来了新的发展机遇。用户不再单纯地满足于大量的网上资源,而是渴求全方位的服务。

因此建立在技术性与资源数字图书馆基础之上的服务型图书馆,是图书馆的未来发展方向,因为采用先进的服务方式、服务手段为用户提供更好的服务,才是图书馆建设和发展的核心。近现代图书馆一直倡导以读者服务为核心构建图书馆系统,摒弃原来的"重藏轻用"思想,但是收效甚微。21世纪以来,随着个性化时代的来临,这种思想越来越受到重视。2003年中山大学程焕文教授总结了世界各国图书馆信息资源共享的历史、现状和理论实践,提出了四个基本定理来阐述信息资源共享的基本观念、原则和社会价值。其中,定理四"用户永远都是正确的"揭示信息资源共享服务的用户观念和基本准则,引起了图书馆界的广泛关注和争论,也让这个定理进入很多图书馆馆员思想深处。可以说,如何去实践和运用这个信念,决定了图书馆管理和图书馆服务的发展方向、路线和结果,也说明新世纪图书馆行业对读者权利的重视。

3.服务手段和服务内容的多样化,成为服务共享的坚实基础。有了计算机,有了互联网络,有了大规模存储技术的支撑,有了对于读者的关注,新世纪图书馆的服务手段和服务内容开始变得多样化:讲座与培训、专题文化展览、在线咨询和交流服务——BBS、娱乐服务功能、读者利用文献的数据挖掘和分析、文化素质教育、定制复印、信息共享空间、高校科研成果转化的引路、学科研究者的网络虚拟社区等。有些服务似乎超出了传统图书馆的范畴,但这就是21世纪的信息服务,这些改变,意味着在社会发展的竞争和压力中,图书馆已经尝试着寻求一条适合这个行业生存和发展的、倡导知识服务的特色之路。

图书馆的上述改变,具有两个鲜明的特色,一个是对于读者的高度关注,超过了以往任何时候,这也符合"以人为本"的时代特色;另一个是与信息技术紧密结合,科技是第一生产力,传统图书馆的每一次大发展,从文字的产生、纸张的诞生、印刷术的发明、计算机的使用等,无不都是以技术作为强大的推动力,这也同样符合信息时代的特征。

(三)对服务共享基础——图书馆资源的重新理解

1.馆藏的文献资源。图书馆作为知识与信息的载体,其收藏纸质文献的重要性不言而喻。以图书、报刊为代表的纸质文献属于不可再生资源,它们凝聚了人类几千年来的智慧和经验,也是我们对过去的记忆和向未来的传承。尽管数字技术和数字化出版兴起为传统图书馆形态带来了挑战,纸质文献仍将在相当长一段时间内是文献的主流形式。这意味着图书馆需要保护和保存好它们,为阅读者提供更好的服务和体验,并探索数字化与纸质文献相结合的模式,更好地利用和传承书籍。在一些领域中,纸质文献仍然是获取和交流知识的最佳途径,尤其是在某些学科领域,实体书籍的存在具有不可替代的作用。前面已经提到传统图书馆学的重点就是对于纸质文献的研究,因此对于纸质文献的管理和服务已经形成了一整套的理论、技术方法,其中也不乏宝贵的经验。

2.数字文献。计算机和互联网真是人类伟大的发明,随着计算机技术和互联网的普及,数字文献逐渐兴起,多媒体技术的应用也让数字文献内容更加丰富生动。数字文献通过网络在线发布和交流,方便了人们的查找和获取,并拓宽了文献信息的呈现和传播方式。数字化的图像、声音、影像等元素为数字文献带来了可视化的特点,加速了知识共享和合作,为人们的学习、科研和工作等提供了更为丰富、精准的信息服务。21世纪初,互联网的推广又加速了数字文献的传播深度和广度。数字文献以其存储形式多样、体积小、内容丰富、传播速度快、范围广、检索方便等优点,越来越受到读者的认可和喜爱,图书馆自然也愿意投入购买数字资源的经费,目前图书馆主要是各类检索数据库和全文数据库,它们或者是自建的,或者是通过数据库商购买的;或者是在本地建立镜像站,或者是通过IP控制进行网络远程访问。

数字文献的快速发展已经成为当代信息社会不可分割的一部分。然而,数字文献种类的不断增加和多样化带来了许多问题,例如,元数据标准不统一、文本格式多样性等,这些问题给用户带来了很大的不便。同时,随着数字文献数量的急剧增长和存储系统压力的倍增,管理员们不得不花费更多的时间与精力进行管理和服务。此外,由于各个数据库存在数据孤岛现象,检索也是分散的,用户必须使用不同的检索工具和方式才能获得所需的信息,这使得效率低下并增加了用户的学术研究成本。为解决这些问题,图书馆提出了"统一检索平台"的概念,通过折中方法实现不同数据库之间的集中检索,从而提高检索效率并方便用户获取所需的信息。

3.共享的文献资源。图书馆一直以来都是提供文献资源和信息服务的重要场所。然而,由于数字文献的广泛应用,传统图书馆所收藏的纸质文献逐渐无法满足用户的需求。因此,为了更好地支持学术研究和教学工作,图书馆应当将视野扩展到非馆藏资源,即共享资源。这也是当前的发展趋势。

对于图书馆而言,资源共享有诸多优势:首先,它可以大幅度增加图书馆文献资源的数量,从而丰富用户获取信息的来源。其次,共享资源能够缩短用户使用信息的时间,节省用户查询使用各类数据库和检索工具的时间。最后,共享资源可以打破信息壁垒,使得不同机构之间的资源可以互通有无,促进不同机构之间的合作发展。

4.互联网的开放资源。通过 Google 或者 Baidu 获取信息,已经成为多数人的习惯,尤其是这些搜索引擎的事实数据的资源量,已经远远超过任何一家图书馆。随着互联网的发展,网络资源已经成为获取信息和知识的主要渠道之一。在这样一个信息爆炸的时代,越来越多的开放资源被数字化并通过互联网公开发布,其中包括了各种学术文献、数据集、资讯,等等,丰富了人们获取信息和提升自己的能力的途径。

图书馆是传统的知识服务机构之一,其致力收集、储存、整理和向读者开放各类文献资料。然而,在现今的时代条件下,用户已经不再仅仅需要关注书籍和期刊这样的传统文献形式,还需要针对实际问题搜寻更具实用价值的实时信息,以便更好地服务其学习、科研和生活的需求。

互联网上涌现出了极为丰富和新颖的知识资源,它们常常拥有比传统文献更高的时效性和专业性,因此成为用户们获取知识和信息的首选之一。尤其是那些来自其他国家或地区,或者访问困难的文献(如各类英文资料),通过互联网可以很方便地获得。

然而，与传统文献不同的是，互联网资源数量众多、种类繁多，分散在各个网络平台和数据库中，这使得图书馆需要付出更多的努力来收集、整理和利用这些资源。在利用过程中，如何评价资源信息的真实性、可靠性、权威性成为了一个重要问题；如何将开放资源纳入图书馆自身的文献资源服务体系之中，以便更好地服务于读者，也是图书馆需要探索的难题。

5.读者的共享资源。Web2.0技术的应用推动了图书馆的数字化改革和转型，使得读者除了传统纸质图书外，可以通过网络虚拟空间保存、分享各类文献资源。这一创新不仅为读者提供了更便捷的信息获取方式，也为图书馆打造了全面多元化的资源体系，并实现了资源共享和互利。图书馆基于Web2.0技术可以构建在线文献库，让读者注册账户并保存、共享个人文献资源，进而扩展图书馆的服务范围和资源容量，减轻馆藏管理压力，提高知名度和可访问性。这其实也是"开放获取"的精神和模式，是在图书馆得到的具体体现。但是图书馆需要解决的问题是：读者凭什么要把自己的文献资源共享到图书馆来吗？毕竟互联网上还有很多类似的服务。上述所有的文献资源，甚至包括网络书店的销售书目、出版社的新书目、新华书店的订购书目、二手图书市场的销售目录等，都需要纳入统一的图书馆知识检索的体系中，并具有统一的读者沙龙系统。

6.馆员和读者也是图书馆最重要的资源。图书馆服务的对象是读者，是最宝贵的用户资源，读者和馆员共同在整个图书馆生态体系中承担着具有能动性的重要作用，也是图书馆服务的永恒不变的线索。图书馆系统为读者服务，也为图书馆馆员开展管理工作服务，换句话说，馆员也是整个系统架构中的用户之一，是从事管理工作的资源。随着文献服务体系的完善，我们甚至可以设想，将来或许会出现没有一本馆藏图书的图书馆，馆员按照读者提出的需要，再从不同的文献共享渠道获得文献并提供给读者，实现"按需服务"。

馆员也是一个广泛的概念，从事图书馆管理工作的都是馆员，包括馆长、副馆长、部门主管、普通馆员、系统管理员、临时工、勤工助学的学生等。图书馆应该倡导馆员进行图书馆管理的个性化,实现馆员与业务管理的关联,实现馆员角色的可管理、可跨部门。目前图书馆采用的现代化图书馆管理系统,一般包括图书采访子系统、编目子系统、流通子系统、公共检索子系统、期刊管理子系统及办公管理子系统等,都是针对馆藏图书来设计系统架构,而图书馆则以管理系统的各个功能块为基础,设置采访、编目、典藏、流通、阅览等部门,在这些部门之间以传统的纸质文献交接为核心。但是随着数字化资源的增多,服务类型的增多,这种线性"物质流"的工作流程已经不能适应图书馆现代化发展的需要,因此图书馆应该提倡以馆员为核心的业务流程重组,实现按角色、分层次的业务管理逻辑控制,以适应图书馆复合型的发展态势,凸显人力资源的重要性。

以用户为核心的图书馆服务共享体系,在提倡文献资源共享的同时,还将提倡馆员资源共享、读者资源共享。馆员资源共享,将实现图书馆之间的联合参考咨询、联合编目、联合建设数字化文献资源等,读者资源共享,将在Web2.0技术的支持下,实现在虚拟空间中,读者个人空间的互访、互助,并可以在大范围内,分享来自更多图书馆的读者上传的共享文献资源。

7.设施和设备。不可否认,这是图书馆的基础资源,也是必不可少的资源。在新技术背景下,在图书馆服务共享的背景下,图书馆的建筑、公共设施、自动化设备等都值得研究,以进一步适应读者的需要。就目前而言,图书馆的馆舍已经朝着全开放图书借阅一体化、功能多样化、网络化、休闲化的方向发展,而图书馆的设施和设备,也将适应现代化的发展进度,大量使用高性能服务器、计算机、海量的磁盘阵列等,生产力水平的提高,同样带来了图书馆知识服务效率的大幅提高。在设施、设备资源与图书馆服务理念结合方面,近期出现的"信息共享空间"(IC)是一个较为完美的结合。这是图书馆的一个特别设计的"一站式"服务中心和协同学习环境,综合使用互联网、计算机软硬件设施和内容丰富的知识库,为读者提供方便快捷、全面多元化的学习、讨论和研究资源,培育读者的信息素养并促进读者学习、交流、协作和研究。创新社区是类似于此的另一种模式,它整合了网络、计算机设施和各种文献资源,提供互动学习环境和多媒体制作工具,为用户提供高质量、优雅舒适的信息服务场所。上海交通大学、重庆大学等图书馆也已经计划在各自的新馆建设中构建信息共享空间。

(四)图书馆服务共享理念

读者的需求和服务模式日益复杂,图书馆需要不断适应变化来满足读者的需求。传统的文献管理方式已不再适用于当前图书馆的服务环境,因此需要引入各种现代技术手段,比如,云计算、人工智能、大数据等,以提升图书馆服务的效率和范围。

一方面,共享服务是图书馆在数字时代为了更好地服务读者而采取的最新对策。通过共享服务,多个图书馆可以共享其资源和服务,相互补充和整合现有的数字化服务,实现资源共享与优化,提高全局服务级别。服务共享不仅能够降低各图书馆的成本,而且还能进一步加强各图书馆之间的协作联动,以提供更完善、更便捷的服务;另一方面,共建信息资源是服务共享的前提之一。图书馆可与其他机构或组织合作,共同建设甚至共用信息资源池,包括数字化书籍、电子期刊、数据库等。这样就可以利用数字技术的力量,更好地满足读者的多元化需求,促进资源共建、整合和统一,避免了"群岛化"的数字服务局面。图书馆通过引入现代技术手段和共享服务的理念,可以实现数字服务的多元化和优化,将各自的优势服务共享出来,促进图书馆之间的协作与联动,为社会大众提供更完善、更便捷的服务。在规划、建设和实施过程中,图书馆服务共享必须坚持服务共享的理念,在制订规划方案、推进组织架构等方面开展协商合作,以大力推进参与服务共享的各个机构间的互信、互动与互惠,夯实共享服务理念,主要有以下四个方面。

1. 资源由"为我所有"转变为"为我所用"。现代图书馆必须以读者为中心,始终坚持以服务为宗旨的原则。开放性要求图书馆资源不仅限于馆藏文献,更应该秉持"不求为我所有,但求为我所用"的态度,在共享、合作和互联互通的基础上,突破资源范畴,打造具有广泛适用性的知识服务体系,为读者提供多元化、便利化的知识服务,强调图书馆资源建设的延续性和共享性特征,充分利用各种渠道的资源,并将其整合为"共建共享"的知识服务系统,为广大读者提供更优质的服务。将来服务共享文献资料来源将主要有三方面:图书馆参与的文献共享体系、互联网的开放资源、读者的共享资源。

2.人性化"畅通无阻"服务。2008年4月发布的"OCLC成员委员会探讨图书馆的创新"消息中报道了2008年2月召开的OCLC成员委员会会议重点探讨了"图书馆服务的创新思想"。其中,关于大学图书馆服务创新有一点是,"信息时代图书馆的设计"中强调:图书馆创新应以内容管理、学习和服务扩展为指导,对馆藏和服务项目进行整合,开展馆际合作。图书馆是学习、阅读、免费获取信息的场所。后数字图书馆的未来目标是构建"泛在知识环境",打造一个人类共用的知识环境,为用户提供无所不在、触手可及的移动信息服务。图书馆的"5A"理想是提供"任何用户、任何时候、任何地点、任何图书馆、任何信息资源"的服务,突破时间和空间的限制,以用户为中心,为其提供无所不在的开放式、深层次的知识服务。因此,图书馆必须坚持服务共享的理念,以读者的角度思考服务的细节,提供尽可能畅通无阻、"一站式"的服务,包括实体馆和虚拟空间的服务,为广大用户提供更加便捷、舒适、优质的知识服务。

3.高度重视用户参与和用户体验。2005年OCLC的报告《图书馆与信息资源认知》为图书馆提供了清晰的方向,新时代的图书馆,从对Web2.0相关技术的应用发展到更加重视其理念和哲学在图书馆中的应用,将用户作为基础,以用户为中心,尊重读者,强调用户参与,重视用户体验、用户交互与用户参与,消除资源利用和获取的障碍,图书馆的资源建设、服务开展和管理工作都是围绕着用户而进行的,尽最大努力使得每位读者都能享受图书馆服务。有几个例子,如美国的密歇根州Ann Arbor市的市立图书馆(AADL)把整个图书馆网站改成以网志的形式呈现,并且各个部门都有自己的博客,如Audio Blog、Book Blog、Events Blog、Service Blog和Research Blog,积极促进用户的参与和互动;圣约瑟芬公共图书馆(St Joseph County Puhlic Library)设立了专题指南维基(Wiki),帮助用户了解专题信息以及图书馆与社区事务,用户也可以进行反馈,提出想法和建议,由馆员发布相关的信息,用户也可以对图书馆提供的服务发表意见和进行讨论,鼓励用户参与。OCLC也积极利用Web2.0进行服务创新,并启动Wiki的试验(Wiki World cat),等等。可见"走近用户"重视用户参与、用户体验是图书馆要积极努力的方向之一,也是服务共享必须坚持的宗旨。

4.共享互赢。构建网络社区,营造一个读者可以交互的虚拟空间,提供更多的知识服务,而且这个空间面向整个互联网的用户。其中包括读者与馆员的交互、读者之间的交互、读者群的建立与交互、馆员之间的交互、图书馆之间的交互,可采用激励的积分制度等。

图书馆的知识社区应给读者提供各类文献资源(包括读者之间的共享资源)的个性化定制服务,并能根据自己的需要,进行分类、组织、标引等,供读者方便地、长期地利用自己需要的文献知识。此外,每位读者都有自己的学科背景,或者学科关注方向。

Web2.0以个人交流为中心,形成了信息发布与互动的聚集点。丰富的个人站点和社群站点成为信息汇集的核心,可以进行多项、多媒体类型的交流,具备解决问题和自我提供资源的功能。这种形式呈现出"去中心化"的特征,对传统图书馆来说,其基于知识资源聚集而形成的中心地位将受到极大的挑战。

(五)图书馆服务共享内容

通过采用SOA架构的图书馆服务共享体系,利用书库标准和互操作标准,实现成员机构间的互联互通,以保障用户在各个成员机构享受到通行的服务,并建立数据交换中心,实现用户的统一认证和成员机构之间的结算。同时,重视用户的共享需求,开展相关共享服务,强化互动交流,发挥文献互助和资源共享的最大效益。这些要求新技术的不断应用和提升,以更好地贯彻"读者至上"的服务原则。

图书馆服务共享背靠图书馆行业的文献资源背景和用户背景,制订图书馆服务标准、元数据标准和相关业务规范,建设读者认证中心和数据交换中心,实现公共数据交换基础上的读者和服务共享。对各个图书馆的文献服务进行统筹、引导和协调,最大限度地满足读者的各类文献需求。图书馆服务共享可围绕图书馆群和读者群,建设网络知识服务社区,开展在线阅读、参考咨询、知识共享等服务。

1.传统图书馆服务。图书馆服务共享体系是通过建设统一的服务平台和数据交换中心,对参与机构的馆藏目录、馆际互借和文献传递等信息进行共享,实现成员机构间资源共享、协作和协同的目标。

在馆藏目录方面,共享出来的馆藏目录信息可以使编目人员快速完成编目工作,节约时间和精力。同时,读者可以在平台上查询共享图书馆的馆藏信息,包括书籍分类、数量、位置、状态等信息,可方便地实现网上预约、网上续借、还书日提醒等功能,提高用户服务质量和满意度。

在馆际互借方面,用户可以在服务平台内填写并提交馆际互借需求。在统一规划下实现借书证"一卡通",用户只需要使用一个借书证即可实现同城的"网上预约、通借通还、送书到馆、资源共享"的服务模式,不同地域的用户或在不同图书馆注册的用户,都可以通过整个保障体系中的图书馆就近借阅,大大提升了用户便利性和图书利用率。

在文献传递方面,服务共享平台通过复印、电传、邮寄等方式实现对纸型文献的介质传递服务,通过E-mail和建立文献传递专用服务器等方式实现数字化资源的网络传递服务。读者可通过服务共享平台查询感兴趣的资源文献,并预订传递服务,方便了信息资源的获取,促进了知识的传播与共享。这些服务都是传统以资源共享为核心的共享体系的基础性工作,在服务共享体系中依然非常重要。

2.知识社区。图书馆知识社区构建于Web2.0技术之上,因为Web2.0的思想完全符合图书馆建设读者知识社区的目的,尤其是"以人为本"的思想。但是图书馆毕竟有自己的实际情况,根据读者的需求设计新的服务功能,可以尝试包括以下社区要素。

(1)SNS的基本功能:网络社区基本功能,可以在图书馆的知识社区中提供。包括站内短信、好友的搜索与添加、好友空间的互访、好友群的设置与管理、开放获取空间的提供、协同写作、生活服务功能等,甚至一些小游戏功能,都是吸引读者使用知识社区的要素。

(2)与图书馆传统文献服务的联系:既然同样是图书馆管理的一个门户系统,就务必实现读者在图书馆中各项阅读活动的真实反映的诸多功能,包括检索馆藏图书、借阅情况查询、推荐采购图书、图书超期提醒及通知、图书预约和续借、个性化的数字文献资源定制、馆员的在线咨询和服务、读者建议和投诉等。这些功能方便读者利用传统图书馆,提高文献的利用率。

(3)RSS的知识订制与阅读:RSS是一个非常典型的、适合图书馆使用的应用。除了图书馆可以提供新书目录、图书馆通知、学科信息等RSS的推送服务之外,还可以在门户系统中给读者提供RSS订制与阅读的功能。读者通过RSS订制各类互联网新闻、博客、产品信息、图书馆书评等,并自行分类整理,形成个性化的网页,所有需要的图书馆信息或者互联网都能够及时更新、查阅,成为图书馆与互联网的一个很好的纽带。

(4)文献资源收藏:图书馆的文献资源可以用浩如烟海来形容,读者往往重复需要某篇文献,不得不重新进行搜索,因此图书馆的个人书斋系统必须具备文献资源的收藏功能,读者将需要的、感兴趣的文献资源收藏起来,也可以自行设置分类、标注等,实际上就是个人组织起来的图书线索,以大大方便读者利用图书资源。通过收藏功能,读者可以组建一个属于自己的虚拟的图书馆。目前图书馆已经逐步将数字资源也纳入图书馆检索系统中,这样会使个人门户的收藏功能更具有实用价值。

(5)读书笔记(含书评系统):读书人通常都有一个习惯,就是写读书笔记,有些读者还有专门的读书笔记本,在纸质图书和计算机之间没有形成关联之前,图书馆不能实现书评这项服务。在拥有个人门户之后,图书馆可用一个类似博客记录日志的功能,将读者检索过的、借阅过的图书统一进行罗列,然后由读者自己添加该书的读后感、评论等,图书馆可以委派馆员评分和推荐。这些读书笔记将显示在图书检索系统中(隐私的书评,读者可以设置权限不进行共享),以供其他读者检索到这本书后进行参考。同样图书检索系统也可以提供书评功能,阅读过这本图书的读者,都可以直接在检索系统中添加图书评论。读书笔记加上图书评论功能,相当于读者也参与到图书馆的图书推荐中。

(6)图书交易:图书馆的门户系统在技术实现上,和商务门户没有太大差别,差别在于内容的实现。既然是图书馆就和"书"有关,个人书斋系统就应该把"书"的文章做足:如果读者不能检索到需要的图书,不能馆际互借到需要的图书,那么图书馆还可以通过电子商务的方式,读者自购急需的图书,这种情况往往发生在两种情况下:一是所需图书是新书、所需图书一直都处于被其他读者借阅的状态。二是读者自己手中的图书,如果不需要,也可以通过个人门户系统提供的商务平台,实现二手图书交易。

3.荐购图书。用户可以向其他用户推荐本馆已有图书,也可以在本馆的电子订单中向采编部推荐采购新书。这是图书馆馆藏资源建设的重要渠道,其方式有多种,往往开发专门的服务平台,将出版社和书商最新的书目信息进行推送,供读者按需推荐,馆员收到推荐信息后,查重后自动生成订单。

4.参考咨询。目前图书馆通常采用在线回答、留言簿、BBS、电子邮件、电话等多种方式,实现与读者之间的沟通,提供多种形式的在线参考咨询服务,通过建设馆员服务共享联盟,汇集各馆优秀馆员的智慧和经验,为读者提供高质量、个性化的咨询服务和解决方案。同时逐步建立FAQ专家知识库,实现知识管理和信息资源共享。还可以进一步尝试在两方面得到提高:一是其他读者也可以参与咨询工作,读者对于问题的解决能够更加贴近需求;二是由于图书馆服务联盟的建立,使学科专家参与咨询和图书馆联合咨询成为可能。

5.科技查新的服务共享。用户在提交查新委托书和相关资料后,系统会对委托内容进行审核并分配专业查新人员进行服务。用户可以通过系统了解到委托查新项目的进度、状态以及查新结果。查新人员将根据用户的需求进行严谨的文献检索和信息挖掘,并提供相关的文献列表和检索报告。如有需要,查新人员也可以为用户提供相应的解读和建议,并在保证数据安全的前提下,提供源数据和检索策略,以方便用户进一步学习和研究。不同的图书馆具有专业各色,其取得查新资质的方向也不同,服务共享后可以充分利用这些特色,开展更深入的服务。

6.知识共享。知识共享是人类文明不断进步的重要基础,也是社会发展的关键因素之一。在当今社会信息爆炸的时代,获取、传播和分享知识已经成为一种普遍需求和趋势。然而,在现实生活中,由于各种原因,很多有用的知识资源并不能被充分利用。因此,该平台的出现填补了这一空白,并提供了一个便捷、高效、安全的知识共享平台。

文档库模块作为该平台的核心功能之一,采用了互联网云存储的技术,用户可以将个人文档上传到服务器上,通过共享服务与其他用户共享阅读和下载。同时,用户也可以从其他用户的文献资料库中获取自己需要的知识,无须再进行冗余收集和整理。另外,为了方便用户管理自己的文档,该模块还提供了自定义分类标准的功能,让用户能够更轻松地查找和使用文档。

藏书架模块则提供了个人图书馆的功能,用户可将自己的藏书清单上传至平台,使其能被其他用户查询和借阅。通过分享个人的阅读经历,用户不仅能够获得更全面和深入的阅读素材,也有机会与其他阅读爱好者交流、讨论各自的观点和体验。此外,还极大地拓宽了人们书籍获取的途径和范围。

读书笔记作为知识共享平台的又一重要功能,通过提倡深度阅读和长篇分享,鼓励用户对文献内容作出更加细致和深入的思考,从而推动人们思想的升华和灵感的迸发。通过分享个人的读书心得和收获,可以促进行业内专家学者的关注和互动,激发创新的灵感和思路。

7.多样性知识源的聚合(RSS)。知识源是一种基于SS格式的内容包装和聚合方式,旨在提高用户获取和管理信息的效率。在这种模式下,用户可以选择需的服务模块,如天气预报、移动便签、日程安排、书签等,并定制或添加特定的知识源,以满足个性化的需求。通过共享知识源,用户可以在知识社区中与他人交流和协作,分享自己的学习体验和知识来源。这种知识共享和协作的形式不仅可以提高学习效率,还有可能促进学习过程中的互动和合作,让学习变得更加富有成效和愉悦。同时,期刊的RSS信息推送也为读者提供了更为高效快速获取专业信息的途径。通过该功能,读者可以在第一时间获取最新发表的文章和研究成果,有效提升了学术素养和能力。

8.开放式互动服务。图书馆知识社区的开放互动功能包括文献互助、图书交换和协同写作三种类型。首先,文献互助功能可以让读者向其他读者发表对于查找特定文档信息的请求,或交流和互助已有文献信息,从而更加有效地利用社区内的知识资源,同时也为读者节约了获取搜索文献信息的时间。其次,图书交换功能则是在社区内上传并共享个人图书藏品信息,为用户间提供一个简便的渠道来交流图书。这项服务也能够帮助用户充分利用管理和减少重复采购的成本。最后,协同写作充分运用SNS技术中Wiki思想,为做共同研究的用户集体编辑写作同一文章提供技术支持,使得社区的协作变得十分高效,也大大增强了社区的整体学术价值。

9.人际交流服务。SNS的基本功能是通过虚拟化现实人际关系,重新构建社会人际关系。在图书馆知识社区中,"相册""迷你博客""好友互访"三大功能模块旨在帮助用户建立、添加好友,增加交流机会,从而帮助用户建立虚拟的知识社区人际网络。该社区采用SNS技术全面集成社交功能,用户可以通过添加好友迅速来访问好友信息,了解好友最新动态并实现社交互动,同时也能够以好友为中心将各个单一读者联系起来,建立知识社区的社交网络。这项技术的集成与应用丰富了用户在知识社区中的社交关系网络,使得用户能够更加高效地构建与维护自己的人际关系网,为学习和研究提供更加广泛、深入的交流平台。

10.联合开展阅读推广和其他主题活动。各馆不仅提供读者借阅服务,还可以互相协作开展多种读者阅读主题活动。这些活动包括主题书展、书评、新书通报、阅读辅导等,其目的是为读者提供更加丰富的阅读体验,帮助读者挖掘文化内涵和深入理解书籍内容。对于持有服务共享"借阅证"的读者,他们可免费参与这些活动,充分享受到知识和文化资源,体验高质量的服务和文化活动。

二、可供借鉴的服务共享体系

(一)中国银联的共享模式

1.中国银联概况。20世纪80年代,以四大国有商业银行为主的银行进行行内测试发卡,布放银行卡终端,初步形成银行卡系统。中国银联作为一个具备全球影响力的银行卡组织,在不断推进技术创新和服务升级的同时,也将致力于打造更加开放、共享、安全、便捷的银行卡使用环境,是服务于境内外200多家成员机构的银行卡组织,通过推进"金卡工程"和银联跨行交易清算系统等技术手段,成功地实现了各银行卡之间的联网联合。这项创举打破了银行卡之间的孤岛效应,缩小了不同银行卡之间的差异性,使得持卡人可以在不同银行之间自由地使用自己的银行卡。同时,中国银联也在亚太、欧美、非洲、澳洲等多个国家和地区建立了广泛的网络,并逐步成为全球知名的支付品牌。

随着中国银联不断推进各类基于银行卡的综合支付服务,其业务范围也不断扩大。作为中国银行卡领域的领军者,银联在传统的ATM和商户POS刷卡终端等领域取得了良好的发展,同时还在互联网、手机等渠道上不断创新,为消费者提供便捷、快速、安全的支付方式。持卡人可以通过手机银行App、在线支付、二维码支付、扫码支付等多种方式实现多元化的支付需求,这不仅提升了消费者的体验,也促进了银行卡受理环境的发展。

2.性质与职责。中国银联引领着整个行业的发展方向,是中国银行卡行业的领军企业。其在银行卡跨行交易清算系统的核心和枢纽地位提供了高效、安全、可靠的基础设施支持,为商业银行、特约商户及其客户间提供交易结算等各种服务,保障了银行卡支付的顺利进行。通过打造一套统一的银行卡标准规范体系和加强与商业银行的合作,中国银联促进了不同商业银行之间和不同级别特约商户之间的互联互通,保证公平竞争和透明度,加强了银行卡产业的资源共享和自律机制,促进了银行卡产业的集约化和规模化发展。同时,中国银联还积极推动行业合作,共同创建银行卡的自主品牌,为银行卡产业的可持续发展做出了积极贡献。

3.银联的服务。

(1)基础服务:包括建设和运营银行卡跨行交易清算系统这一基础设施,推广统一的银行卡标准规范,提供高效的跨行信息交换、清算数据处理、风险防范等基础服务。

(2)银行服务:为各大商业银行提供集清算数据处理、技术支持、风险控制、数据分析、产品创新的综合服务方案。通过银行卡跨行交易清算系统,为国内商业银行提供跨行、跨地区、跨境的银行卡转接服务。

(3)商户服务:为商户提供多种多样的支付解决方案,帮助商户解决支付应用方面的实际问题,实现商业运行的高效和便捷。

(4)持卡人服务:建立形式多样的持卡人服务平台,满足持卡人多样化的增值服务需求。

4.银联的管理与服务体系。中国银联是国内银行卡产业的领导者,以公司化运作的方式推动银行卡专业化服务体系的可持续性发展。旗下的多个子公司通过密切合作,为广大持卡人、特约商户和发卡机构提供一系列专业化服务,包括银行卡受理、数据处理、支付增值、技术质量检测和安全认证等。其中银联商务是一家全国性的银行卡受理服务公司,致力于提供优质的服务和支持给发卡机构和特约商户;银联数据服务是一家专业提供数据处理服务的公司,能够为金融机构提供高效、安全、可靠的数据处理服务;银联电子支付则是一家银行卡增值应用的专业支付公司,能够为广大的网上支付服务提供安全、便捷的解决方案和服务平台;银行卡检测中心则是一家技术质量检测机构,能够对银行卡产品及其受理终端机具进行严格的检验和测试,确保其符合国际标准并满足用户需求;中金金融认证中心则是一家互联网第三方安全认证机构,能够为网上银行、电子商务和电子政务提供安全认证服务。这些子公司的协同合作,共同推动了中国银联的快速扩张和发展,为整个银行卡产业的水平提升做出了积极贡献。

(二)航空联盟

随着世界航空运输业的迅猛发展,特别是国际航运服务领域的拓宽,一些航空公司开始在业务服务、信息交流等各方面加强合作,组成航空联盟。航空联盟指数家航空公司为了实现网络互联、枢纽互通、客源互补、常客互助,达到扩大市场份额、巩固常客客源、增加收入的目的,在双方利益一致的基础上,选择在地区市场处于领导地位的盈利航空公司,协商并相互间建立战略合作伙伴关系,发挥协同效应。目前,世界上普遍流行航空联盟,最近几年也掀起了入盟浪潮。目前较为成功的航盟有:天合联盟、星空联盟、寰宇一家等。

1.航空联盟的服务共享体系。我们以星空联盟为例,了解航空联盟的具体服务共享体系。星空联盟英语名称和标志代表了最初成立时的五个成员:北欧航空(Scandinavian Airlines)、泰国国际航空(Thai Airways International)、加拿大航空(Air Canada)、汉莎航空(Lufthansa)以及美国联合航空(United Airlines)。联盟的主要合作内容是将航线网络、贵宾候机室、值机服务、票务及其他服务融为一体,无论客户位于世界何处,都可以提高其旅游体验。目前拥有28家正式成员,航线涵盖了192个国家以及1330个机场,包括中国国航等国内航空公司。

星空联盟是由多家航空公司共同组成的联盟,通过成员之间的协调与合作,提供更多选择和更方便的服务给旅客。凭借常旅客计划,旅客可以将不同航空公司班机的里程累积在同一个账户内,并享受全球机场贵宾室的使用权和不同尊贵级别会员的优先服务。此外,联盟的"环球票"为旅客提供了经济实惠的旅行选择。通过不同方式的合作,星空联盟相对于传统的复杂合作方式更加简单易用且为旅客节约成本,为旅客提供更多选择、更方便的服务和更多优惠。旅客可以通过常旅客计划集中管理里程数和积分,并享受全球机场贵宾室、优先服务等权益。星空联盟还提供特惠套票、通票以及转机服务等。作为一种合作方式,星空联盟旨在为旅客带来更低成本、更高效率的服务。同时,联盟为乘客提供了很多额外的权益,例如优先办理登机手续、优先机场候补、增加托运行李额度、享受全球机场贵宾休息室等。

随着旅游业的不断发展和全球化程度的提高,旅客对于高品质、全方位的旅行服务需求也在不断增加。因此,星空联盟的成员通过各种合作和协同举措,为旅客提供更多元化、更全面的旅行选择和更为便捷的服务。截至目前,星空联盟已经有28个成员航空公司,覆盖了全球900多个目的地。这些成员来自不同的地域和文化背景,但都有着相同的愿景:优化旅行体验。星空联盟的成员间密切协作,共享资源,还开展了许多平台合作,以便更好地满足旅客的需求。这样的合作模式也能够促进成员间的竞争和创新。通过常旅客计划,旅客可以使用联盟积分,累计里程数和兑换奖励。星空联盟的成员航空公司提供了独特的会员等级和服务,包括排队候补、紧急入境等服务。在全球范围内,星空联盟的旅客还可以享受各种休闲娱乐和商务服务,这些服务都可以通过星空联盟的广泛网络获取。

2.航空联盟的主要价值体现。航空联盟作为全球航空业的重要组织,成员航空公司通过加入联盟来实现资源共享和互惠合作,共同面对激烈的市场竞争。其中,商务方面是航空联盟成员最为关注的问题之一。航空联盟通过优化枢纽网络结构和扩大旅客选择机会,可以让成员公司的航班路线更加完善和高效。在联盟内部,成员公司可以互相支持,向彼此提供各自的远点客源,实现共赢。除了网络覆盖能力的扩大,航空联盟的另一个重要价值在于渠道共享。联盟成员间共享销售渠道,特别是国际销售渠道,能够以较低成本渗透到新的市场。联盟成员还可以进行产品整合,改善产品结构,推出更加完善、更有吸引力的常客产品。这不仅可以增加旅客忠诚度,还可以进一步提高收入和市场影响力。

服务是航空公司的核心竞争力之一。在航空联盟中,成员企业可以共享服务资源和经验,提高服务水平,改善服务质量。此外,通过联营合作,联盟成员之间可以在陌生市场上提高品牌认知度,减少宣传成本,进一步增强市场竞争力。面对旅游和商务航空市场不断涌现的低成本航空公司,航空联盟的风险共担机制也十分重要。成员公司之间通过更加紧密的联营合作,实现风险共担,能够有效地提高抗风险的能力。只有联盟成员站在同一战线上,才能够应对来自市场竞争、经济波动等方面的挑战并取得胜利。

3.航空理解的主要服务共享领域。

(1)常规合作:比例分摊、包舱包位、代码共享、渠道整合、航班整合。

(2)加深合作:销售网络、信息管理系统、常客、服务整合。

(3)深度合作:共同市场促销、共同产品设计、共同品牌推广等深度合作领域。

(4)信息共享:创建信息共享平台。包括服务注册管理、业务流程管理、监控管理等功能,通过上述功能接入航班信息发布平台、短信平台、市场销售分析等系统,并将这些系统中可复用的功能发布成统一航班动态查询、短信发送、客户主数据等共享服务,信息共享平台上线运行不仅在IT资产值上得到极大提升,而且打破了各自信息之间的壁垒,促进了联盟内各航空公司之间在广度和深度上的合作。

(三)连锁酒店

连锁酒店也是服务行业重要和典型的服务共享体系,已经成为酒店行业的主流服务形式。

1.连锁酒店的发展历程。20世纪50年代,连锁酒店作为一种现代酒店经营模式出现在欧美各国,到80年代末期,经济型连锁酒店已经成为欧美发达国家成熟的酒店业态,90年代后,连锁酒店以其独有的规范化、高效化管理风靡至今。如世界最大的连锁酒店希尔顿,在全球80个国家及地区拥有2900间酒店。伴随着我国迅猛的经济建设浪潮,国内的连锁酒店如雨后春笋般出现,如锦江之星、莫泰等。通过它们骄人的业绩得出以下几点连锁经营的优势:一是拥有一个强大的信息共享系统,监测市场,规避风险;二是集约化的管理模式,最大限度地降低经营成本;三是人员的集中培训与调配,保证服务的专业性与企业的稳定性。

2.连锁酒店的经营模式。连锁酒店是一种以品牌为核心、经营管理标准化的酒店模式,其经营成功的关键在于优秀的品牌战略和高效的管理模式。

直营店模式是指企业自己管理直接运营连锁酒店,在多个地区开设自营连锁酒店并由总部直接控制,可以实现资产集中、经营方式标准化等优点。但该模式涉及比较大的投入费用和人力资源成本,因此需要有足够的运营能力和资金实力来支撑。在刚进入一个市场时,通过开设直营店模式,可以展示企业的实力和品牌形象,促进品牌快速落地和拓展市场。

特许经营模式则是连锁酒店发展壮大的重要模式之一。特许经营模式是指将经营管理权授权给加盟商,并按照企业提供的标准化操作规程进行经营,对整个经营体系实行统一监管,达到利益分散、风险共担和经营模式可复制的目的。特许经营模式相较于直营店模式的优势在于,无须大量资金去进行直营店模式下需要的固定性投入,而是将管理模式和品牌进行有效授权和产品质量控制,能够更快速地拓展市场覆盖面,同时进一步降低了扩张风险。

战略联盟模式是指不同经营实体之间为了实现共同目标而建立起来紧密联系的合作关系。在连锁酒店行业中,战略联盟通常由品牌厂商和其他相关企业或组织形成。这种模式的优点在于可以实现资源共享和相互补充,使得合作伙伴在市场上形成一定规模,并提高了运营效率和市场知名度。目前,许多连锁酒店已经通过战略联盟与其他旅游、餐饮或交通相关企业或组织建立了合作关系,以提供全面的服务,增强品牌影响力和拓展市场份额。

兼并收购模式是另一种扩张连锁酒店业务的方式。它不仅适用于发展成熟、规模较大的连锁酒店,在联盟和特许经营扩张达到瓶颈时,也是一个重要的选择。兼并收购模式本质上是企业通过购买其他企业或竞争对手来实现扩大规模、进入新市场、取得先进经营技术等目标的方式之一。但该模式需要动用大量的资金和人力资源进行整合与改革,因此需要认真评估和分析风险及潜在收益,制定出合理的策略和步骤来实现成功的兼并收购。

3.连锁酒店的优势。

(1)品牌效应:连锁酒店往往是品牌酒店发展到一定的规模,具有相当的市场份额后,逐渐在全国各大城市开设分店而形成的。连锁酒店能够借助品牌的影响力与经验,降低投资和经营的风险,从而克服单体酒店单打独斗的经营弊端,既有利于降低风险,也有利于扩大品牌知名度。

(2)统一经营、降低成本:连锁酒店作为服务业的一种,在面对日益激烈的市场竞争时,不断寻求提升自身竞争力的路径。具体来说,连锁酒店通过统一的采购系统和批量采购,可以有效降低酒店的固定成本投入,减少了各个分店中所需采购的物料种类和数量,甚至包括各种设备和家具等,进而会获得相应规模化优势和资金优势,并借此控制成本,实现强有力的竞争优势。在订房系统方面,连锁酒店推行线上预订方式,通过提供"一站式"服务和优惠价格,进一步提高了客户的满意度和忠诚度,并由此获得稳定的收入增长。

(3)管理水平高:作为一个品牌,连锁酒店可以通过成熟的经营管理模式和标准化服务质量,为加盟后的单体酒店提供全方位的支持。首先,连锁酒店的专业管理和经营团队具有雄厚的行业经验,能够帮助加盟单体酒店规划和实施市场营销策略、优化人力资源管理、控制成本、提高服务水平等;其次,连锁酒店采用信息和资源共享系统,可以实现各分店之间的客房数据库和客户信息档案共享,这有效地提高了客户对连锁酒店服务的认度和信任度,从而吸引更多的顾客光顾单体酒店。

最后,在连锁酒店品牌的支持下,单体酒店还可以获得一系列的培训课程和技术支持,以及不断更新升级的IT系统网络,这些都能使其在运营和管理上更加得心应手,提高效率,降低成本,进而全面提升酒店形象及服务质量,增强客户黏性和口碑效应,进一步促进酒店的业绩增长和市场份额扩大。因此,连锁酒店的专业管理和经营团队,以及信息和资源共享系统在加盟单体酒店中扮演着至关重要的角色。

(四)可供借鉴的图书馆服务共享经验

图书馆从诞生到现在,以服务社会阅读为天职,担负着保存历史记忆、传承社会文明的艰巨任务,服务对象自始至终都是社会大众。"同一个世界,同一个图书馆",全世界图书馆联合起来,共同服务于人类大众。图书馆的文献资源是有限的,文献服务却是无限的。

1.图书馆服务共享联盟的理念。通过上述对中国银联、航空联盟和酒店连锁的阐述,图书馆可向传统服务行业的服务共享借鉴先进的理念,采用如下新思路。

第一,忽略对于成员机构内部业务的管理和影响,重视用户的共享需求,开展相关服务。

第二,通过相关数据标准和通用卡片介质,实现成员机构的所需业务的互联互通,保证用户在各个成员机构能够享受通行的服务。

第三,构建标准的管理和服务规范与流程,以保证联盟内每个成员单位的服务质量控制。

第四,构建数据交换中心,实现对用户的统一认证,和相关的成员机构之间的结算。

第五,商务化运作以保持可持续性发展。学者认为,图书馆共享体系的建设是分阶段发展的。如果说第一阶段是以文献资源共享为核心,那么随着共享文献目录、文献资源的建设达到一定规模,重点面向读者的共享服务就成为共享体系发展的第二阶段核心。借鉴各个服务行业的经验和解决方案,我们倡导在图书馆行业,也构建类似的管理与服务联合体,如可以命名为"中国图联"。

中国图联可以是中国图书馆行业的文献服务共享联盟,依靠图书馆行业的文献资源背景和用户背景,制订图书馆服务标准、元数据标准和相关业务规范,建设全国读者认证中心和数据交换中心,实现公共数据交换基础上的读者和服务共享。对各个图书馆的文献服务进行统筹、引导和协调,最大限度地满足读者的各类文献需求。围绕图书馆群和读者群,建设网络知识服务社区,开展在线阅读、参考咨询、知识共享等服务,以此构建数字图书馆联合体,共同为读者服务。

2.图书馆共享服务联盟的原则。图书馆的服务联盟应坚持"平等、统一、共享、参与"四个原则。

(1)平等原则:包括读者平等和图书馆平等。读者平等是指图书馆的读者,不论职别,尽量平等,对待其他图书馆的读者,与对待本馆读者一样。图书馆平等是指图书馆不论大小,在统一的服务公约基础上,一律平等。

(2)统一原则:成员图书馆在服务规范方面尽可能统一,相关的业务流程也应尽可能统一。为了实现高效的数据交换,现代化管理系统应尽可能实现统一。

(3)共享原则:倡导图书馆在知识产权允许的情况下,开展文献共享;构建读者社交网络,倡导读者共享自己的资源。

(4)参与原则:坚持以读者为核心的图书馆发展思路,图书馆积极参与联盟的文献服务和资源建设等工作,读者可以参与图书馆的资源建设、网络文献服务、参考咨询等工作。

3.图书馆服务共享联盟的运行管理与服务原则。这样的共享联盟体制必须采用公司化运作的模式。除日常运行管理必要的管理委员会、专家委员会等常设机构外,应成立整个运行体系建设和发展必要的第三方运营服务公司。主要职能包括:一是向各个图书馆推销图书馆服务联盟的理念,为加入的图书馆提供现代化管理系统软件,在收取年软件服务费的前提下,提供售后支持与服务;二是给各个图书馆的读者发放可以实现馆际互借的类似银行的银联卡的"图联卡",并给图书馆联盟提供馆际互借的物流支持;三是在各个图书馆管理系统的基础上,构建统一的用户认证中心和数据交换中心,共享读者、书目信息等,并在此基础上构建、运营、发展全新的网络知识服务社区。

学者认为,服务共享联盟只有坚持以下三项服务原则,方能对读者产生足够的吸引力,这也是现代社会对图书馆发展的要求。

(1)终身服务:在当前日新月异、变化迅速的知识社会,个体必须不断地学习和更新知识以适应前所未有的发展速度,因此教育需要发展成为一个持续不断的进程,跨越个人生命周期,并致力于提高学生终身学习的能力和意愿。图书馆作为终身学习的重要场所,在这一进程中,发挥着至关重要的作用。它不仅可以让读者接触到丰富的信息资源,还可以培养其独立学习和思考的能力,提供更广泛的社交和互动机会,以及帮助读者发掘新的兴趣爱好。

特别是由信息化带来的变革,图书馆可以为读者提供更加方便快捷的知识获取途径和服务。

如今,图书馆需要为读者提供终身服务,以更好地满足其需求。提供丰富多彩的教育和文化活动、定制化的学习计划、个性化的辅导咨询等服务都是图书馆的重要任务之一。发挥跨机构协作的优势,通过建立服务联盟,整合各类信息资源和服务,实现共赢。这不仅能够提高图书馆的服务水平,也可以为读者提供更加全面和优质的终身学习体验,增强图书馆的社会影响力和吸引力。

(2)广泛的社会服务:高校图书馆作为重要的知识资源中心和学术文化交流平台,在学校教育中发挥着重要的作用。然而,在当前快速发展的知识社会中,传统的学校教育难以满足个人终身学习的需求,图书馆逐渐成为终身学习的重要场所。中华人民共和国教育部新发布的《普通高等学校图书馆规程》规定,有条件的高校图书馆可以向社会开放,并发挥地区文献中心的作用,支持地方建设。因此,图书馆应该为其提供全面、便捷的信息资源和服务,并且这种服务应该持续地向前延伸。图书馆的终身服务对于每一个读者都很重要,也是服务联盟以读者为核心理念的阐释。只有向社会开放,图书馆才能够实现终身服务的承诺,帮助人们不断地更新知识和技能,适应社会发展的需求。

(3)非营利的收费服务:在市场经济条件下,知识消费的观点已经深入人心,收取合理的信息服务费用,不存在法律和社会舆论的障碍,关键是哪些收费、哪些免费需要界定。实现非营利的收费,以提高服务共享联盟的服务水平,是相关收费服务的基本原则。如成员图书馆向第三方运营公司支付一定的经过核算的成本费用。

(4)图书馆服务共享联盟的可持续性发展:构建一个庞大的共享体系,且涉及的用户、参与的机构众多,其可持续性将是重点研究的内容。学者认为,服务共享联盟可以分为以下三点,保持其可持续性。

1)社会发展对于图书馆的必然要求:知识经济时代的来临,信息社会的高速发展,对图书馆的要求越来越高。图书馆要满足社会发展的需要,以原来单打独斗的姿态,是远远不够的,势必形成合力来满足这个需求。这样做了也可以较容易地获得国家财政、社会舆论的支持。

2)稳定的用户群:图书馆自身的共享需求,以及读者的知识需求,使得一个依靠整个行业的共享服务计划得以保障,比如,大学图书馆每年会自动增加新用户,而原有的用户则因为实施终身服务没有流失,使得计划的可持续性发展得到保证。

3)非营利性收费:了保证共享联盟的正常运行,非营利性收费是必要的,可以尝试通过对社会读者服务、文献传递、网络广告、网络知识社区的电子商务、情报服务等方面获得非营利性收入。

这样一个拥有如此庞大、优质用户群的服务联盟体系的营利能力,应对其发展持乐观的态度。当然这样的庞大的共享体系计划,将会出现建设和发展中的诸多问题,单靠任何一家图书馆是不可能得到解决的,不排除纯商业化运作出现的可能性,毕竟这里有上千万的用户群体,而且是中国素质最高的一个用户群体。在将来的理想图书馆中,如果构建成功这样的图联体系,形成全新的知识服务产业,那么以"知识搜索与服务"的概念,才有可能逐步在与百度、谷歌、雅虎等的"信息搜索"的竞争中占有一席之地。

三、从资源共享到服务共享

有学者说,资源共享的终极目标是"任何用户在任何时候、任何地点均可以获得任何图书馆的任何资源";有学者说,数字图书馆的灵魂在于对用户行为习惯的把握;更有学者说,数字图书馆所要解决的问题是在网络世界中做好文献服务的同时,还要坚持图书馆的"人文精神"与"服务传统";从资源共享到服务共享是图书馆共享理念的进步与发展,资源共享是服务共享的物质基础;服务共享是资源共享的未来发展趋向,更是资源共享所要达到的理想目标。

(一)资源共享是服务共享的物质基础

目前文献资源共享是目前图书馆行业广泛实践着的共享模式,其基础是图书馆联合书目,以实现"共知",在此基础上实现文献的馆际互借等,也就是"共享"。2000年以来,我国信息资源共享体系的发展已经较为成熟,颇具规模。各级各类图书馆参与的文献共享体系,如中国高等教育文献保障体系CALIS、国家科技图书文献中心NSTL、江苏省高等教育文献保障体系JALIS、广东图书馆文献资源共建共享等一批资源共享体系项目,建设了大量的专题特色数据库、联合目录数据库、学科导航数据库等,还有互联网的开放资源、读者共享的资源,都为服务共享提供了强大资源保障。随着现代化技术的发展,图书馆基础设施和系统得到了持续改善与升级,高性能服务器、计算机、海量磁盘阵列等先进设备被广泛应用于图书馆建设中。此外,各地也纷纷建立了资源共享平台,相关制度法规的出台也使得资源共享得以正式确立。2005年7月,50多所高校图书馆馆长在武汉联合签署发表的《图书馆合作与信息共享武汉宣言》(以下简称"武汉宣言")、《普通高校图书馆规程(修订)》、《中国图书馆馆员职业道德准则》、《全国文献信资源共享倡议书》等政策文件,为我国图书馆信息资源的网络合作与资源共享提供了重要的法律依据和保障。

在技术层面,网络技术、博弈论、HrTP隧道技术、经济学原理等一系列理论研究和应用都为资源共享的发展提供了有力支持。资源共享不仅是书籍等文献资料的共享,同时也是设备、人才、技术等各方面的合作共享,形成了全新的服务模式和组织模式。这些措施在资源、设备、人才、技术、制度等各方面为服务共享打下了基础并为其探明了道路,是现代图书馆建设的必然趋势。

(二)服务共享是资源共享的未来发展趋向

1.图书馆服务革新的需要。随着数字图书馆的发展,原有的建设和发展模式显然不能满足时代的需求,Google、Baidu逐渐渗入图书馆的文献服务领域,在诸多方面使图书馆行业陷入尴尬的处境。互联网的兴起和信息技术的发展,使得传统图书馆面临前所未有的变革机遇。图书馆2.0理念是指以读者为中心,将服务与共享贯穿于整个图书馆的运营过程中,采用先进的信息技术手段,从而构建一个基于读者需求的全新模式,这与当今所处的知识经济时代不谋而合。

具体来说,传统的图书馆主要关注文献资源的收集、管理和提供,而很少考虑到用户在使用资源时所面临的各种需求和问题,而现代图书馆则更加重视用户体验和服务的全面性,致力于满足用户的信息获取、传递、交流和学习等方面需求,并通过数字化技术让图书馆的资源、服务、信息实现无缝连接。从这个意义上来讲,图书馆2.0并非简单的技术升级,而是一种思想转变和服务升级,是为更好地适应时代发展而进行的一次战略性转型。

2.资源共享的目标所决定。20世纪70年代,美国图书馆学家肯特提出的"资源共享"理念是指通过共享各种信息资源和服务,使不同图书馆可以相互补充、互相借鉴,从而提升整个图书馆系统的服务水平和效率。"资源共享"理念是一个既有进取性,又富有现实意义和可操作性的管理策略,它的目标在于以合作为核心,把不同图书馆的馆藏、服务、技术等资源互相整合起来,让用户在享受更多的资源和服务的同时,也能够获得更优质、更便捷的体验。"资源共享"理念是指通过共享各种信息资源和服务,使不同图书馆可以相互补充、互相借鉴,从而提升整个图书馆系统的服务水平和效率。这个理念可以通过为用户提供更多资料和服务来解决他们的需求问题,并有利于提高大型图书馆的使用量,优化藏书使用效益,发挥社会知识资源的综合效应。同时,实现资源共享还可以帮助图书馆控制预算,避免重复采购和处理,提高服务效率和预算利用效益。

显而易见,"资源共享"目标与服务不可分割。马费成等在《信息资源管理》中提到"资源共享的目的在于使每个组织和个人都能够在一定范围内最大限度地利用信息资源",突出强调了"最大限度地利用信息资源";程焕文教授在《信息资源共享》中提到"信息资源共享的最终目标是:任何用户(Any

User)在任何时候(Anytime)、任何地点(Anywhere),均可以获得任何图书馆(Any Library)提供的任何信息资源(Any Information Resource),这是一种梦寐以求的崇高理想"。因此,"资源共享"发展的宗旨是分享资源,提供更好服务。20世纪的"资源共享"是图书馆之间纸本文献的互惠互借和协调采购,而21世纪的"资源共享"则追求泛在化的资源大共享,注重用户的资源获取与利用,侧重于服务的共享。其目标是打破地域限制、超越时空约束,为用户提供丰富的信息资源和优质的服务,以满足他们日益增长的需求。

3.SOA技术支撑。数字时代,图书馆的核心竞争力已转移到文献信息资源服务与共享方面。在信息技术领域,面向服务的SOA体系结构(Service-Oriented Architecture)将应用程序的不同服务,通过这些服务之间定义好的接口和契约联系起来,而构成以用户需求为核心的服务体系。近年来,基于SOA技术的服务共享在图书馆方面得到了广泛研究与应用。相关学者通过多篇论文,深入探讨了SOA在高校图书馆采访系统、校际资源共享、数字化服务等方面的应用,并重点研究了区域资源共享、数字资源整合、信息服务架构模式和信息共享平台等领域。通俗地说,SOA技术可以让不同的服务变得更加容易获取,因此为图书馆能够为用户提供高效、快速、便捷的服务共享提供了有力支持。

(三)管理信息系统开始向服务型平台转型

图书馆服务的重要支撑是信息化建设,尤其在互联网时代下,图书馆信息化平台开始转型,以实现服务共享体系的建设。随着文献资源数字化的逐步完善和读者对服务需求的提高,图书馆管理信息系统必须从"以书为核心"的管理体系向"以人为核心"的服务体系转变。新技术的成熟与应用推动图书馆转型和对传统服务的颠覆,如数据分析、知识管理、流动和社交功能等。这也促使图书馆管理信息系统进行升级改造行动,以更好地支撑管理和服务体系。

1.图书馆管理信息系统的发展趋势。下一代数字图书馆的核心概念是情景感知,即通过对用户信息、环境等方面的了解,全面融合信息资源以提供个性化服务。其架构包括情景信息层、情景感知环境层及情景感知服务层。情景信息层主要负责收集和整合来自不同媒介的信息资源,形成利于用户查询、发现和获取的知识库;情景感知环境层则结合场景信息、用户习惯等方面的数据,实现对用户需求的全方位感知;情景感知服务层则依托统一的服务平台,为用户提供个性化的服务与体验。

而随着复合型资源发展和服务进程的上升,下一代图书馆也面临着安全性、兼容性、标准化等技术方面的挑战。国内未来图书馆研究方向主要集中在 RFID 技术、SoLoMo 技术、移动图书馆等方面。"平台化"是一个关键词,未来的图书馆将更多地从信息交流角度出发,发展为面向全社会开放的平台,将馆内外的各种资源融合为一体并促进知识流动。因此,向服务"平台化"转型应成为未来图书馆管理系统的发展趋势。只有这样,才能更好地适应时代发展和用户需求,实现自身价值的最大化。

2.新形势下图书馆管理系统存在的主要问题。新形势下,图书馆管理系统存在的主要问题有:顶层设计与规划不充分,主要表现在当前图书馆管理系统仍未与学校的核心流程融为一体,缺少有效的顶层设计与规划。具体而言,大学图书馆虽然在信息化方面有所发展,但其在学校信息化建设中的地位仍处于相对较低的水平,没有得到足够的重视和关注。其中一个原因是图书馆往往被认为仅提供文献信息服务,而未在教学科研活动中扮演重要角色。这导致图书馆管理系统未能为学校整体信息化建设提供充分支撑,也未能将自身的信息资源发挥到最大作用。

下一代管理系统的标准化体系不够完善,主要表现在缺乏业务流程的互操作标准体系、对图书馆的服务整合不够等问题。目前,由于各类管理系统存在不同的业务、服务等差异,因此缺乏统一的标准化指南或框架,这导致了在系统开发过程中难以实现有机互通与统一整合。在现有管理系统中,读者服务、文献服务、数字资源管理等模块之间存在"独立运行"现象,既不能形成整体性的服务理念,也无法提供便捷、高效的综合化服务。因此,在开展下一代管理信息系统建设时,需要完善相关的标准化体系,以促进图书馆管理系统的互联互通与优化。

信息化深度和广度不足,表现在多个方面。在信息化深度上,当前的图书馆管理系统还没有形成基于数据分析的业务管理和文献服务机制。决策系统的使用较少,对参考决策缺乏依据,难以从信息中获得更大的价值。在广度方面,下一代管理系统应实现整合的全面信息管理,目前还有很多业务没有通过信息化进行管理控制,主要集中在非读者服务部门,导致了信息化服务范围较为局限,且未能发挥出最大的管理优势。因此,需要在信息化应用的深度和广度两个方面加强改进,并采取适当的措施,以优化整个图书馆管理系统的功能体系。

3.下一代图书馆管理系统的基本特征

通过平台化转型和新技术应用来实现资源整合与服务升级,是下一代图书馆发展的必然趋势。这将有利于提高图书馆的工作效率和能力,并吸引更多读者关注图书馆服务,为社会和人类文明进步做出更大贡献。"资源"和"服务"是图书馆发展的两大核心要素,通过整合它们来构建一个更加完善的图书馆资源平台和服务平台,可以实现优化资源配置和提高服务质量的目标。与此同时,这还需要借助新技术来支持各种服务和资源,包括数字化资源、智能搜索引擎、虚拟现实、人工智能等。运用这些先进技术,可以实现更加快捷、精准的文献检索、图书馆管理、读者服务,并极大地提高工作效率和能力。

在打造图书馆平台时,需要充分整合传统以及基于移动网络的新服务,如在线阅读、数字参考咨询、数据分析等,从而为读者提供更加多样化的服务。而数字化资源的加入也不仅仅是对纸本文献的替代,更是开辟了与读者互动的新空间。通过数字阅读,读者可以随时随地查找自己需要的读物,还可以参与到图书馆数字化资源的建设过程中,共同推动图书馆的发展。

数字化的图书馆平台将为读者提供更多样化和更方便的服务,这对于拓展读者群体和提高图书馆服务水平至关重要。通过在线阅读、数字参考咨询等服务形式,使读者无论身处何地都能够便捷地使用图书馆资源。数字化资源为读者提供了更丰富的互动空间,借助虚拟现实技术,读者可以参观历史景点或参与文化活动,而不需要离开家门。此类互动方式极大地提高了读者与图书馆之间的联系,并有利于吸引更多读者。在数字化建设过程中,读者也可以通过反馈机制来帮助图书馆改进服务,这种互动性将会让读者在图书馆中获得更愉悦的体验。

4.实证:重庆大学下一代图书馆管理系统的实践。重庆大学一直高度关注系统建设和发展,注重图书馆改革,早在2007年10月就率先启用了"图书馆2.0"概念的系统,并在经过几年的运营和发展后认为,下一代图书馆系统的核心应该是平台化,基于整合文献搜索,并利用各种新技术实现全面信息化的管理和服务,开始该项目的立项,计划在三年内完成研发和应用。

(1)软件体系架构的规划:下一代图书馆管理系统的四层架构设计为实现图书馆数字化、网络化和智能化提供了强有力的技术支撑。首先,用户层作为整个系统的入口,可以通过用户数据的收集与分析,更好地了解读者需求并提供个性化的服务;其次,服务与管理层作为连接用户层和数据层之间的桥梁,起到了信息流动的关键作用,既保证了数字资源的有效利用,又可促进图书馆内部各个部门之间的合作;再次,资源层不仅承载着根据图书馆特定需求进行筛选、获取和收纳的大量文献数据的艰巨任务,还应提供服务于图书馆业务管理及数字化文献资源发布的相应技术支持;最后,评价与分析层则是以数据服务理论和经验来增强系统的运营能力,进而辅助图书馆科学决策,进一步优化与改善图书馆的服务质量和效率,从而促进社会知识产权的保护和知识传承工作的开展。

在用户层方面,该系统引入开放统一认证模块,使读者只需单点登录即可进入各个系统,避免了多次登录的不便。

服务与管理层通过信息化手段全面提升图书馆的各类管理工作,并为读者设计了一个知识社区。在该社区中,读者可以根据自己的兴趣爱好和需求自由添加感兴趣的主题,获取包括馆藏导读系统、公共门户系统等多种应用系统在内的各种资源和服务。

而在资源层方面,新一代图书馆系统将整合馆内的全部文献资源,实现传统文献和数字化文献资源的整合搜索服务,同时也将各类图书馆服务进行全新整合和搜索。这大大提升了图书馆的查询效率,也能更好地满足读者的需求。

最后,评价与分析层则致力于对数据的挖掘和分析。它支持决策系统、馆藏评价系统、科研评价与分析系统、计量分析系统和读者行为分析系统等多项功能的实现,以进一步增强图书馆服务的决策和运营管理能力。以上这些措施和功能将共同构建一个高效、便捷且智能化的图书馆管理系统。

(2)移动互联网平台和PC平台:移动互联网的普及,已深刻改变人们的生活方式和信息获取与传递场景。基于此,下一代图书馆管理系统需要构建一系列针对移动终端的服务平台,如App平台、微信平台和响应式门户网站平台等,以满足读者使用移动设备进行搜索、阅读或借阅的需求。

(3)标准化的系统接口池:在当前背景下,为了更好地满足读者需求并提高服务水平和效率,建设标准化的接口池对图书馆来说显得尤为重要。该接口池的目的是规范其他应用系统与图书馆认证系统之间的数据交换,通过梳理、整理和标准化接口,提高数据交换效率,解决现有接口多、难以管理及监控等问题。接口池用说明文档能够提供详细操作步骤,帮助其他应用系统顺利接入图书馆认证系统,进而将信息共享、资源整合和用户服务体验提升到一个新台阶。

(4)重点发展的业务管理系统:服务"平台化"的建设需求是当前图书馆服务发展的趋势。为了满足读者的多样化需求,提高服务效率和管理水平,该系统将重点建设新业务系统。这些新业务系统包括虚拟化的"一站式"服务平台、用户信息推送系统、决策系统和馆藏评价系统。其中,"一站式"服务平台可以让读者在网络环境下方便地完成各种服务办理,而用户信息推送系统则能够利用数据分析,智能地提供邮件、短信和站内信三种方式的信息推送功能,让读者接收到更加个性化的服务。决策系统可以对图书馆运行相关数据进行有效分析,监控运行情况,并为管理决策提供有效支持。馆藏评价系统也可以评估文献采集收藏情况、馆藏满足读者需求情况及馆藏物理状态等,还能够利用读者行为分析为读者提供个性化服务。

5.问题与展望。

第一,随着现代科学技术的飞速发展,新技术不断涌现,而图书馆的服务一般具有延展性、继承性和稳定性。虽然这些新技术可以为读者提供更多更好的服务,但是由于图书馆人员素质、硬件资源、读者接受程度等因素的限制,传统的图书馆服务模式却缺乏应对现代技术变革的能力。因此,如何更好地整合新技术与传统服务模式,促进图书馆的服务推广,是目前图书馆面临的一个重大挑战。

第二,全民阅读作为文化建设的重要组成部分,不仅需要营造良好的阅读氛围和环境,还需要通过提供更加便捷、高效、智能化的阅读服务,降低读者的阅读门槛。而借助新技术,如虚拟阅览室、电子书籍、数字化文献检索系统等,可以为读者提供更加便利的阅读方式,使他们可以时刻享受到阅读的乐趣并获得益处。此外,图书馆也可以通过数据分析、个性化推荐等手段,为读者提供精准的阅读建议和推荐,真正实现"面向用户"的服务理念。因此,在图书馆转型过程中,如何更好地利用科技手段推动全民阅读,并满足读者不断增长的需求,是一个需要认真思考和解决的问题。

可见,下一代图书馆管理系统的平台化建设可提升图书馆管理和服务水平,整合传统文献与数字资源,实现智能化、个性化和便利化,促进图书馆服务共享和提高社会影响力。

第七章 高职院校图书馆科技查新的创新服务

第一节 高职院校科技查新现状分析

科技查新工作是相关部门对于社会中的科技成果和文献进行评估检查与咨询服务等的工作。科技查新以学术文献为基础,通过对文献成果的对比,找出科技成果中得出的新结论和新成果,这项工作也是我国自主科技创新工作的一部分,起到了对科学研究进行监督、检查和评价的作用。目前,随着我国对于全社会的自主创新活动不断提高重视、社会各个行业的科技创新活动不断的发展起来、科研的项目和成果也不断增加,这给科技查新工作带来了新的要求。

我国在20世纪90年代开始了正规化的科技查新工作,对全社会的科技创新发展起到了重要作用。最早的科技查新由医疗和国防科技领域逐渐扩展到所有的行业领域创新活动当中。随着科技查新活动的全面展开,我国也从官方层面制定了开展科技查新的详细规范和法律方案,为社会中的各个查新机构提供了指导。进入21世纪以后,我国政府取消了对查新机构的审批流程,为社会中发展更多的查新机构创造了条件。但需要注意的是,当科技部门将科技查新工作全部交给社会机构之后,科技查新活动难免出现智联问题,这要求社会中的商业机构能够自主建立科技查新的行业标准,采用新的理念和手段来做好科技查新工作。

在我国创新发展的背景下,社会的创新活动和科技研发活动如火如荼,各类新的创新成果和知识文献不断被创造出来,这就需要社会中的科技查新机构能够跟上时代的发展,对全社会的科技创新提供支持。学术界和科学界应该针对信息技术环境下的科学查新开展研究,创造新的理念和工作方法,并且确立标准化的科技查新方法。在信息社会的发展中,各个行业的科研创新活动呈现出复杂化、分散化以及科学技术前沿化的特征,需要科技查新机构能够对各类创新成果进行分析和分类,合理配置各项科学技术资源。相关的工作人员也需要提高自己的技术能力,能够了解各个前沿学科和交叉学科的发展趋势。

一、科技查新行业发展的概述

科技查新主要的研究对象是社会中的科技创新工作,对创新的过程和结果做出评价。这项工作要以成熟的知识文献为基础,并使用各类评价标准和分析方法为手段,找出科技创新活动的新颖性。个人和组织在创新活动中,需要用科技查新的评估结果对自己的活动做出判断,能够找出其中的新方法、新思路,确保创新的成果产生更多的具有社会价值和经济价值。我国自主研发工作的发展,也在客观上推动了科技查新行业的快速发展。科技查新与科技创新活动相互影响,将会有效推动我国的自主创新能力。

我国在经济社会进行转型的重要历史时期,需要建立创新驱动的主要发展思路,努力提高我国在各个高端领域的自主创新能力。要利用信息技术的快速发展,加强科技资源的有效配置,激发社会各个行业和大众的创新能力。科技查新工作应该围绕创新活动的过程中,从项目确立、创新过程、成果评价等方面形成完善的体系,加强科技查新机构及其人员的分析、评估能力。目前,我国在科技查新行业的发展方面,依然存在一些不足,主要是在科技查新机构的配置上存在着地区之间的不平衡、科技查新行业的人才结构不合理、科技查新的理念和方法不够先进。

二、科技查新行业的发展现状

我国的科技查新工作开始于1985年,最初在医药卫生和国防科工领域开展,随后,原国家科委(现为科技部)逐渐开始推动科技查新行业的发展,并加强对科技查新工作的规范化管理。比如,原国家科委于1990年10月印发了《关于推荐第一批查新咨询科技立项及成果管理的情报检索单位的通知》,授权11家文献信息单位为一级查新单位,又于1992年拟定了《科技查新咨询工作管理办法》,并起草了《科技查新咨询工作管理办法实施细则》。在经过长时间的查新实践和管理摸索之后,科学技术部于2000年12月发布了《科技查新机构管理办法》和《科技查新规范》(国科发计字〔2000〕544号),自2001年1月1日起施行,标志着我国科技查新工作逐步步入法制化的轨道。

(一)科技查新机构的管理系统

我国的科技查新工作涉及的范围十分广泛,各个行业和学科都有着科技查新的需求。各个行业的查新也要受到国家相关部门的管理,其中包括教育、科技、农业、卫生等政府部门,同时,中国科学院等国家级事业单位也会针对科技工作组织创建查新机构。我国在查新机构的管理上,存在多个部门管理的特点,随着社会上科技创新活动的增加,全国各地的查新机构数量也在逐年上涨。在地方的科技查新机构发展中,各地主要由省级科技部门管理,这体现了科技部门对于科技查新工作的重视。

(二)科技查新机构的地区和查新数量分布

科技查新机构通常需要为本地的科技创新活动服务,因此科技查新机构的工作方式要体现本地特色,能够在本地的优势领域中发挥作用。一般来说,本地区所产生的龙头行业和创新优势资源也能影响科技查新行业的发展,让科技查新机构在地域上体现差别。通常科技活动较多的地区,科技查新机构也会较多。本地的科技活动集中在哪些领域,也会影响科技查新工作集中在这些领域。因此,由于地区之间在科技创新能力和经济发展水平上存在不均衡性,科技查新行业在各个地区的分布和配置也具有很大的不均衡性。

三、科技查新行业发展中面临的问题

自我国从国家层面开展科技创新战略以来,社会上的科技查新工作就体

现出了重要作用,成为保障各个行业进行创新项目设置、创新活动管理和创新成果产出的重要规范。由于科技查新工作与科技创新活动也会出现不匹配的问题,整合科技创新行业也面临着进一步升级发展的问题。其中比较突出的问题在于科技查新行业的缺乏规范化管理、查新资源所在地区范围配置不合理与科技查新人才的不足问题。

(一)科技查新行业缺乏统一管理和引导

我国的科技查新机构是受到相关部门指导的,不同行业和学科的科技查新都存在不同的主管机构,这会造成各个部门管理不统一、标准不统一的问题。各个行业和部门在制定查新标准时也会自行提出一些管理方式,在建立不同领域的科技查新机构时,机构的认定、评级等都难以实现统一化的管理。21世纪以后,我国取消了科技查新机构的行政审批,改由相关的机构进行指导,按照市场化的要求来推动科技查新行业的发展。这样会有利于科技查新行业快速发展,使查新机构的数量增多,但容易导致科技查新工作的质量出现参差不齐的缺陷。因此,为了确保科技查新行业能够提高质量,实现规范化管理,就需要科技查新行业自主地探索新的理念和管理方法。

(二)查新报告质量控制机制不完善

在科技查新的工作中,各个机构都需要在完成查新后做出查新报告,为相关的创新活动和创新主体提供最终的指导。但有些科技查新机构在制定报告时也存在质量管理不善的问题,使这些报告对于科技创新活动缺少明晰的评估和指导,使报告缺乏实践意义,只能产生纸面上的作用。

为此,要想实现科技查新行业的高质量发展,专家学者和相关机构都需要对查新报告进行分析,指导科技查新机构用规范化的方法来编写报告。其中需要解决的主要问题有:查新报告对于简单,不符合查新标准的规范;查新报告所得出的结论不科学、不完善,没有将整个科技创新活动做出合理的评估;查新报告中提出的新颖点不够先进,与创新活动项目的结果存在偏差,没有表达出创新项目的优势;查新报告中的文字、术语等存在不标准的问题;

等等。

许多科技查新机构存在报告不规范、质量不高的问题其原因主要有两个方面：一方面是查新机构没有可以遵守的行业标准，无法对创新活动做出准确评估。目前，产生的报告都需要遵守国家科技部门发布的《科技查新规范》，但对于有些行业的查新，还需要运用更精确的规范来制定报告；另一方面，许多查新机构的工作人员能力不足，或是对查新活动的管理不够规范，使这些机构在制作报告时也会出现规范问题。

（三）查新队伍的建设有待加强

我国的科技查新规范对查新工作者的基本定义是：查新工作者主要是科技查新机构中参与查新所有活动中的人员，其基本职责是对这项工作进行查新、审核、编写等。科技查新机构需要有专门的查新员和审核员，其工作是按照相关的查新工作标准对各个行业的科技创新活动进行查新，最后要制定一份科学、严谨的查新报告。在工作中，查新人员还需要具有职业道德素养，能够了解各个行业的发展，能够具备较强的工作能力。

我国科技查新行业的发展，存在科技查新机构和查新资源分配不合理的问题。科技查新机构在快速发展的过程中，也出现了人才不足、管理方法不够先进的情况，有些人员和机构对于新产生的科技研发成果不够熟悉，对于一些前沿性、交叉性的科技领域认识不足，导致了查新工作无法真实、准确地评估创新成果的情况。

四、促进科技查新行业发展的措施

科技查新工作在我国加强创新驱动战略，促进社会自主创新体系发展当中能够成为重要的组成部分。科技查新行业只有实现高质量发展，才能更好地对自主创新工作提供有力支持。为了实现科技查新行业的高质量发展，我国应该采取以下措施。

(一)实现科技查新机构和行业的有效管理

我国的科技查新机构和人员在行业配置与地区配置上都存在不均衡的问题,导致了许多科研领域缺少查新行业的支持,还有一些领域的科技查新机构水平高低不齐,限制了社会科技创新活力的发展。为此,我国需要在科技部门和各地政府的指导下,加强对科技查新行业的规范化管理,健全查新工作、查新机构和查新人员的准入制度。另外,为了确保科技查新行业实现均衡发展,各地也需要开展跨地区、跨行业的合作,对查新资源进行合理调配,确保整个行业的有序发展。

(二)完善科技查新人才队伍的培养和管理措施

科技查新行业的发展,需要培养一批专业化的人才。在信息化社会中,各个行业在科技创新活动中,会不断产生新的创新成果和创新思想,让传统的学科实现交叉化发展,使前沿科技领域不断进步。传统的查新人才也面临着对新思想和新学科的学习问题。科技查新行业的高质量发展,需要让查新人才能够接受培训,使其了解新技术、新理论,对于交叉领域和前沿领域的文献资源能够熟练掌握。同时,科技查新行业也需要经常举办学术研讨、行业交流方面的活动,促进从业者能够交流经验与方法,提高查新人才队伍的整体素质。

(三)运用信息技术促进科技查新工作的高质量发展

科技查新工作需要加强对知识文献、数据库等资源的开发和利用,科技查新工作仅靠传统的图书馆文献已经不能满足实际工作要求,需要在信息技术领域提高投入力度。工作人员在进行文献资料对比时,需要更多地使用网络中的数字化文献信息,这需要科技查新机构能够引进网络技术平台,与图书馆和其他网络信息平台实现密切的合作。同时,网络数字信息也存在资料复杂、真伪难辨的问题,需要工作人员能够熟练运用网络技术,对数字文献进行更准确的评价和鉴别。科技查新行业所使用的数字信息资源呈现数量越来越多的特点,但同时也存在质量难以保证的问题,这就需要科技查新机构能够合理使用信息技术，实现质量与数量的"两手抓"，使信息环境下的查新工作得到健康发展。

(四)提高服务质量，确保查新用户的满意度

科技查新行业的宗旨就是为社会各个行业的科技创新工作服务，服务的对象包括参与科技创新活动的个人、企业和其他科研机构。科技查新行业要树立以服务为中心的思想，能够做到在服务过程和查新结果上对用户负责、让用户满意。为此，各个科技查新机构都需要加强服务质量的管理，要用规范化的服务机制来完成查询工作，减少给用户带来的麻烦，要让查新人员能够具有良好的职业态度，切实为用户群体服务。同时，科技查新机构所做出的结果能够符合用户的需求，确保查新成果具有科学性和公正性，有效促进科技创新活动的发展。

(五)建立查新用户反馈机制

在提供服务质量的工作中，科技查新机构应该建立用户的反馈机制，使查新人员能够与用户进行双向交流。在查新活动中，工作人员要不断听取用户的反馈，能够通过与用户的交流来了解创新活动的开展情况，掌握创新主体的观念和方法，确保查新的结果能够反映出用户的意见。查新工作要以查新报告的形式提供给委托用户，做好高质量的报告是整项查新工作的关键一环。科技查新机构在编制报告的过程中，也需要深入听取用户的意见和要求，让用户能够对初级的报告产生理解，并将结果反馈给查新人员。工作人员需要按照用户的反馈来调整报告，及时总结经验，促进查新工作的进一步发展。

(六)开展科技信息增值服务

我国的查新工作是随着全社会各个行业的自主创新活动发展而发展起来的，目前科技查新行业已经积累了较为丰富的经验，能够为社会中的创新活动提供有力的支持。随着社会创新活动的不断深入，科技查新行业也需要在科技信息服务方面实现深化发展，要对科技资源和信息资源进行充分整

合,为社会各个行业提供增值服务。

五、结语

科技查新行业在我国虽然是一个新兴的行业,但伴随我国市场经济的快速发展和科技创新的不断深入,也取得了长足的进步。目前,科技创新活动的快速发展和变化也给查新行业带来了很多挑战,使查新机构、查新技术和查新从业者无法完全适应时代的发展,也存在较大的缺陷。为此,在信息技术条件下,科技查新行业也需要针对问题进行分析和研究,找出解决问题的方法,促进科技查新事业的健康发展。

第二节 高职院校科技查新评价指标体系研究

一、引言

科技查新工作主要是社会中第三方查新机构对各个行业的科技创新活动和成果进行新颖性评价的过程,科技查新机构要按照相关的标准和规范,为创新主体提供高质量的查新报告。查新报告的核心部分是评价科技创新活动的新颖性,需要查新人员能够对已有的科学知识文献进行对比,找出那些现有文献中没有发布的新内容。科技查新工作的管理过程包括,对创新项目的确立、创新成果评价和技术管理的引进等活动进行评价,对各个行业的创新活动提供了支持。我国在自主创新的发展过程中,必然要依靠科技查新行业提供知识,为社会各类主体的创新活动提供评价和激励。同时,我国的科技查新行业也存在发展滞后于社会科技创新活动、科技查新机构数量和质量不足、查新的指标体系不完善的问题,从而不利于科技查新工作的高质量发展。因此,科技查新事业的发展,需要科技查新机构和学者对评价指标做出进一步分析和探索。

二、科技查新机构评价研究的现状和意义

在科技查新工作中,各类第三方查新机构是为创新活动主体提供服务的主要机构。科技查新机构需要围绕用户的需求,结合查新工作的特点,整合各类查新资源,其中最主要的就是与图书馆和信息平台开展合作,使其掌握各类的信息资源。科技查新机构所掌握的信息资源和人才资源,是影响查新工作质量的关键因素。同时,科技查新机构在工作过程中,还需要对人员的查新活动建立评价标准体系,使查新人员能够按照行业的标准来进行文献对比及查新报告的编制。评价指标体系的完善,能够帮助各个行业的科技查新机构建立统一化的查新工作方法和管理制度,促进查新人员提高自己的工作能力。

(一)我国科技查新机构评价研究现状

科技查新工作需要以查新报告为媒介,将评价的结果表达出来,科技查新机构在完成文献对比和查新评价后,也需要为委托用户提供一份高质量的报告。要想提高科技查新的质量,就需要加强查新报告的研究,目前主要的研究方向包括:一是要在查新工作中使用先进的文献检索技术,注重优质文献的筛选和分析,通过对文献的使用来提高报告的写作质量;二是要形成文献对比与查新报告的评价标准,采用多种对比方法来提高报告的质量;三是在文献的对比过程中,使用多方面的评价指标来进行制作报告,使评价的结果更有依据。在查新报告的编制过程中,工作人员要注重文献评价与分析的方法,确保能够使用正确的文献资源,使产生的结论更具科学性。

学者也需要对科技查新机构的管理制度进行研究,其中重要包括以下方面:一是要加强查新因素的研究,按照信息技术发展的要求,着重分析科技创新所使用的各类要素(其中包括文献的质量、文献检索的方法、查新人员的工作能力、文献提供机构的选择等)。查新机构在开展工作时,也需要采用先进的管理方法和分析方法;二是加强对查新机构的评价方法研究。查新机构的评价包含该机构的组织形式、管理方法、人才构成以及其他的软、硬件条件

等。要想提高查新机构的工作质量，就需要按照一定的标准来组建这些机构。目前，国内只有少数的行业领域能够对科技查新机构的组建提供评价标准，许多行业在建立机构标准时，还需要结合本专业的情况来具体进行。

(二)科技查新机构评价的意义

我国在全面开展创新驱动战略的过程中，对全民创新创业活动的开展提供了较大力度的支持。各地都以创新产业的发展为基础，加快了创新资源的投入，使企业、院校和个人都可以构建创新的合作机制，促进科技成果的生产与转化。在这个过程中，科技查新机构需要结合有关文献，对社会中的创新过程和结果进行评价，保障科技创新活动能够突出自主性和新颖性。在查新工作中，科技查新机构所使用的文献资源是十分重要的环节，这些文献需要高校以及图书馆给予足够的支持。科技查新机构在创建和管理过程中，也需要建立更加完善的标准体系，在全社会的共同努力下，提高查新机构的管理和服务水平。

第一，通过科技查新机构标准化的制定，让用户能够更好地选择查新团队。在科技查新行业中，对查新具有特定需求的通常是开展科技创新活动的企业、院校机构和个人团队等。在创新过程中，需要对科技创新项目进行理想、管理、评估和结果验收，科技查新机构的作用就是在创新的流程中对创新主体的活动进行评估，确立项目中的新颖性，从而让创新主体能够将主要的资源和精力投入在项目的重点部分。因此，高质量的查新能够帮助创新主体更好地调配资源，明确科技创新活动的进展方向。创新主体需要从查新市场中找到那些合适的、具有专业能力的科技查新机构，为了降低用户的风险，科技查新行业也需要对各个机构建立相关的标准。

第二，行业标准的设置，可以帮助主管部门更好地指导科技查新行业的发展。在我国社会科技创新事业不断发展的过程中，人们对于科技查新行业的需求不断增长。受到市场的影响，许多新兴的科技查新机构都发展了起来，但在市场快速发展的过程中，科技查新机构和人才也存在质量不平衡的问题，许多劣质的科技查新机构充斥市场，给社会的科技创新活动带来不利影响。为此,行业主管部门应该为科技查新机构的创建和管理制定行业标准,对市场做出有效的监督:一是要按照标准评出合格的科技查新机构,通过权威机构对其进行认证;二是要对不合格的查新结果的机构进行监督检查,使其能够按照标准进行整改。

第三,通过制定标准,促进科技查新机构改变经营模式,实现健康发展。查新标准的制定,主要是为了帮助查新机构和行业形成自己的行业规范,使各个机构能够为了提高自身的业务质量和管理能力而提供发展方向。查新标准的制定能够将社会中的科技查新机构做出分类,使各个机构实现质量和资质的分级,其中包括国家和部级分级、地方分级、行业分级等;各个查新机构可以按照自身的实力来改进工作能力,不断吸纳人才,从而提高自身的业务水平。

三、科技查新机构评价指标体系的构建

各个部门和行业在建立查新机构评价标准时,需要对查新工作的内容、查新所属的行业属性、过往的查新技术经验来制定标准,要确保标准制定具有科学性和实践意义,切实推进整个行业的发展。在制定标准之前,各个行业和专家学者应该对影响标准建立的因素做出调研与分析,按照多种方法完成体系的构建。

(一)研究方法

专家学者在制定评价标准体系的过程中,需要采用正确的研究方法。制定标准要加强实际行业的调研,并通过各个行业的专家来制定初步的标准,同时还需要采用科学的方法对标准体系进行评价,最后形成完整的标准体系。

第一,要在学者的帮助下,加强对科技查新行业的理论研究。掌握查新活动的基本规律、目标,分析查新工作的主客观要素。在理论的指导下,相关人员要深入市场进行调研,例如,可以针对某个领域的查新机构发放问卷,针对科技查新的主要用户群发放问卷,在问卷调查的基础上开展实地调研和访

谈工作。

第二,通过前期调查和研究的结果,树立标准制定的基本方向。之后再制定更详细的问卷调查机制,包括需要调查的各个指标等,基础指标包括人员、资源等因素的调查;次级指标包含查新工作中使用的文献情况等做出调查。在这一部分的实际调查中,需要对一线的科技查新机构、查新人员和图书馆等服务机构进行调查。需要通过调查来获取更多的信息数据,之后对得到的信息数据进行分类管理和分析,确保相关专家和学者能够对评价指标体系的建立形成基础的认知。

第三,通过对调查结果信息的分析,借助相关的数据模式将调查结果分出层次,按照处理结果来确立各项指标的内容和权重。

(二)调查结果概况

本次调查共回收52份问卷,其中有效问卷46份。在调查结果中,被调查者给出了一些有价值的修改意见,①一级指标"管理情况"中的二级指标"是否具有法人资格"一项,普遍认为这是评价的基本条件,不具有评价意义,建议删除。②一级指标"技术设备及经济情况"中的二级指标"局域网"范围过窄,建议改为"国内外网络访问"。③一级指标中的"领导支持情况下无二级指标",建议将其归入一级指标"管理情况",成为其二级指标。④二级指标"人员"中的"人员比例"一项,认为概念模糊,建议改为"人员结构"。⑤二级指标"人员能力"中的"能力判断,主观性太强,不具备操作性",建议删除。⑥二级指标"管理机制"一词,概念模糊,建议删除。⑦三级指标中的"文献"都是期刊论文,但多份问卷认为,专利、成果、标准、会议录等非期刊论文文献对查新工作也非常重要,应该添加"其他类型的文献"项。

(三)研究结果暨科技查新机构评价指标体系

根据问卷调查、专家调研的结果,在汇总各项修改意见的基础上,学者对原有指标的体系结构、指标构成和指标的表述方式等进行了修改完善,并最终形成了3个等级,包括6个一级指标、17个二级指标和14个三级指标共同构成的科技查新机构评价指标体系,如表7-1所示。

表7-1 科技查新机构评价指标体系

一级指标	二级指标	三级指标
文献资源	纸质文献	期刊
		工具书
		其他（专利、成果、标准等）
	网络数据库	专业数据库
		通用数据库
	网络学术资源（开放获取期刊等非商业性学术资源）	
	联机检索系统	
人力资源	人员数量	全职工作人员数量
		兼职工作人员数量
	知识技能	学历分布
		专业背景
		职称
		外语水平
		计算机水平
	工作经验	从事查新工作时间
		参加各类查新专业培训（信息检索、情报分析等）
设备保障	计算机数量和质量	
	国内外网络访问能力	
内部管理	领导支持情况	
	内部规章制度	
科研与奖励	发表相关论文情况	
	从事相关项目情况	
	获各种级别奖励情况	
业务状况	业务流程	
	年均业务量	
	查新报告质量	

分大类对本指标体系概要描述如下：

1.重点分析图书馆和其他学术机构在文献馆藏建设方面的内容。科技查新工作最基础的依据就是社会中现场的知识文献,通过对以往文献的分析对比,可以帮助查新机构找出创新活动的新颖性。查新机构要想提高查新的质量,使新颖性的评价更加精准,就需要掌握更多的文献资源,对文献具备更好的分析能力。科技创新类文献主要存在于公共图书馆、高校和高校所属的图书馆中,一部分数字资源也存在于网络大数据和数字图书馆中。通过制定文献查新的标准,可以帮助查新机构合理利用文献资源,加强与图书馆、高校、院所等机构的合作。同时,也可以帮助图书馆按照科技创新需求来构建文献馆藏。

2.重点研究科技查新行业的人力资源情况。科技查新行业的发展和查新机构的发展,都需要拥有专业能力强的查新人才。我国在查新行业发展的瓶颈体现在专业人才的不足方面。因此,查新行业需要为人才队伍的引进和培养建立相关标准,一方面能够指导查新机构合理地建设人才队伍;另一方面也为查新行业中的个人提供自我发展的方向。查新人才的基本能力包括对学科知识的掌握能力、文献资料的检索和分析能力、英语水平和查新报告的创作能力等。专家学者能够对查新行业的人力资源情况做出调查,分析人才所存在的短板,为人才建设构建专门的职业资格体系。

3.对查新行业所使用的技术情况做出分析。目前,科技查新行业最主要的技术要素就是信息技术,这与科学机构和图书馆机构的信息化建设具有重合之处。为此,需要对查新机构的技术引进情况制定相关标准,其中包括信息传输设备、计算机设备、数据库和信息化管理软件等。

4.对查新机构的内部管理做出调查分析。查新机构在提高查新工作质量的过程中,还需要具有较为科学的管理机制。其中包括查新机构能够对人员的分工、查新项目管理、用户服务等制定质量标准。

5.研究社会中的科技创新情况。目前,我国在创新驱动战略的指导下,各个行业、学术机构和企业都需要以科技创新提高竞争力,整个社会的创新环境也发生了巨大的变化。其中主要体现在科技创新的项目领域跟随市场发展而不断发展,从而产生了许多前沿技术领域;科技创新活动在企业、院校等机构中得到快速发展,形成了产、学、研一体的创新发展模式。结合创新环境的变化,查新机构的行业标准也应该符合市场的需求。

6.充分调查各个科技查新机构的业务情况。查新机构所承接的业务情况直接影响着查新活动的成果和受益。相关专家应该对不同机构的业务情况做出调查和分析,其中包括业务的范围、业务的数量、机构的业务能力等,通过对业务的分析,重点掌握行业整体的发展情况。

四、总结

我国的查新行业在发展过程中,缺少针对查新机构发展做出评价的标准体系。为此,查新行业的研究人员应该从查新行业的规律和特点出发,深入研究查新市场的发展情况,为查新机构的高质量发展制定标准体系。在标准体系的制定过程中,研究人员应该针对不同的要素做出详细的调查分析,从而确定分层次、分类型的指标内容。通过标准体系的应用,为各个行业的查新机构发展奠定基础。

第三节 高职院校科技创新活动中的科技查新工作

一、引言

我国的高校和高职院校在查新工作中能够发挥重要的作用,主要体现在高校和高职院校的图书馆具有保存科技文献的优势、具有各个学科的建设优势、具有教师和科研队伍优势。院校在科技创新活动中,可以按照不同的项目参与科技研发活动,也可以利用学术和文献优势参与查新工作。在我国创新驱动的战略指导和信息化建设的时代背景下,高校和高职院校需要深入社会的自主创新活动中,加强与社会企业及其他机构的合作,让院校资源在经济社会发展中彰显更大的力量。

二、科技查新工作与高校科技创新活动的关系

(一)查新工作贯穿了科技创新活动的全过程

在信息技术的发展过程中,计算机、网络通信等让社会中的知识、信息流通更加方便,形成了以数字化文献信息为主的载体模式和传播模式。在科技创新活动中,不同的机构也可以借助网络平台开展合作和共享。在科技查新工作中,高校能够借助信息技术为查新机构提供数字文献的支持,让高校的科研工作实现进一步发展。

第一,高职院校图书馆通过文献的支持,为科技查新立项工作建立信息基础。各个行业在确立科研项目的过程中,需要查新机构借助各类文献找出项目方案中的新颖性,从而确定该科研项目是否具有开发价值。科技查新机构需要在立项过程中深入分析国内外同类的创新研究成果,通过对文献的分析和对比,为项目做出判断。如果一个项目是已经研究过,那么其再研究的价值就不会太高。查新工作可以避免创新活动中出现重复投资、浪费资源的问题,使创新资源能够集中在一些高价值的项目中。

第二,高职院校可以支持科技查新行业进行创新研发过程的分析。科技创新活动在进行过程中,需要相关人员能够收集与项目有关的各类信息,挖掘出项目中的重点、难点、热点等内容。在高职院校和查新机构的帮助下,参与创新活动的主体可以避免将大量的精力放在文献的研究和分析上,从而帮助他们确立研究的方向,有效推进创新项目的进展。

第三,通过查新工作评价创新成果,帮助其提高社会价值和经济价值。科技创新的成果,需要得到科学界和社会环境的认可,进而体现其社会价值和经济价值。科技创新成果的评价需要依靠相关学科的专家来进行,高校、高职院校和其他学术机构的专家学者都能够在成果评估中产生作用。但目前随着信息技术的发展,社会中的科技创新活动也会超出传统的学科范畴,生成许多前沿性、交叉性的学科,如果按照传统的学科对其进行评估,就有可能遏制这些项目成果的价值。因此,为了更加科学地对社会中的各类成果做

出评价,需要图书馆和查新行业提供更详细的文献信息。查新人员可以根据有关的文献做出对比,按照相关的分析方法做出查新报告,为后续的成果评估工作提供可靠的依据。

(二)高职院校图书馆应在科技查新领域发挥更重要的作用

1.高职院校图书馆拥有的文献信息资源是开展查新工作的基础。高职院校图书馆所拥有的文献资源主要体现在各个学科发展方面,能够为查新工作提供支持,结合院校中的学科建设、研发项目和人才资源,可以充分开展科技查新服务,一是图书馆中的文献资源可以成为科技查新服务的基础,使工作人员可以利用图书馆中的检索工具和管理工具开展工作;二是高职院校有能力组建查新队伍。高职院校中的教师、图书馆员和学生都具有参与查新工作的能力;三是高职院校借助创新研发队伍、学科带头人等能够组建科技查新工作的专家团队;四是高职院校目前已经成为参与社会创新活动的重要力量,能够引领学术前沿,也能够在科技查新行业中形成竞争优势。

2.高职院校应该通过科技查新服务的开展来强化院校的创新研发能力。高职院校在以往的科学建设和创新活动中,由于缺少科技查新的意识,导致许多项目缺乏新颖性,造成了创新活动的盲目性。这种情况会让高职院校师生在创新活动中缺乏活力,无法产生有价值的创新成果。为此,院校需要组建自己的查新技术团队,对全校各个学科的创新活动提供指导;要按照国家有关部门的要求和行业标准,对创新活动做好新颖性、先进性的评估。在查新工作中,通过项目内容与国内外先进成果的对比,从而帮助研发团队找到明确的公关方向,并吸收各方面的先进经验。高职院校的师生在科研立项的过程中,可以通过查新服务来找出项目方案中的优缺点,从而提高项目申报的能力,确立新的研究方案;可以将资源和人力投入重点的研究内容当中,帮助学校和上级部门节约科技研发经费。在项目成果评审过程中,查新工作可以为项目提供科学的报告、为专家的评审提供重要的参考依据、可以将项目中的新颖性和价值性充分体现出来。因此,高职院校的科研工作离不开科技查新服务的帮助,需要院校能够利用本校的图书馆文献资源和人才资源,组建自己的查新队伍。

3. 从查新项目数据来看,科技查新对高校科技创新的贡献非常大。目前,我国从事科研活动的高等院校共753所,科研人员达60多万人,每年承担国家、部门和地方的各类科研项目近3万项。普通高校和高职院校在参与社会服务的过程中,有能力通过科技查新服务促进学校自身和社会创新活动的发展。查新工作能够发挥院校图书馆文献资源、人才资源的作用,加强院校的信息服务能力,让学校掌握的科技资源优势在社会经济发展中发挥更大的价值。在全民创新创业的社会环境下,院校、政府和企业将组建产、学、研一体化的知识经济发展模式,为院校在社会发展中的作用创造有利条件。因此,高职院校需要利用自身的科技创新成果来支持知识经济的发展、用科技查新服务来参与社会服务活动。

4. 按照科技和教育部门的要求去积极组建学校查新工作站。我国在提高自主创新能力的过程中,科技部门和教育部门也对社会中科技查新机构的发展提供了支持。高职院校一方面要成为各个学科开展自主创新活动的主要力量;另一方面也应该积极组建科技查新工作站,从各个方向激活学校的创新能力。高职院校的科技查新工作站不仅要参与本校的查新服务,也应该积极参与社会服务,在科技查新行业的竞争中获得更高的资质,从而打响高职院校查新工作站的品牌价值和权威价值。高职院校的领导层应该对本校科技查新工作提供更多的支持,特别是提供资金、政策上的支持,同时,在领导层的带领下,学校中的图书馆、各个学科和科研人才也应积极投入查新工作中,促进院校查新工作站的高质量发展。其中包括以图书馆为基础,创建丰富的文献信息服务中心、加强查新工作站的信息化管理、完善查新项目的规范化管理等。

三、高校科技查新工作的发展

我国科技查新工作是在科技体制改革的进程中萌生、发展起来的,自1985年《专利法》实施以来,我国开展了一系列专利查新工作,1987年我国医药卫生界开始开展查新工作。随着专利工作的发展,专利查新检索已成为国家发明奖评审的必要条件。

高校科技成果在国家三大科技奖(自然科学奖、技术发明奖、科技进步奖)中获奖比例逐年上升。据统计,近十年全国高校科技获奖占到全国获奖总数60%左右,从1956年至今,累积占全国获奖总数的30%以上。从多年的统计数据来看,在我国自主创新能力的发展体系中,高等院校占据了很大的一部分,高校拥有的知识和学术人才,以及拥有的教育环境、学科环境和实验室等科研基础设施,都为创新活动的开展带来了优势。在高校科技创新发展过程中,教育部和国家各个部委也对高校自主创建科技查新站提供了支持。许多高校凭借自身的科技研发优势,形成了丰富的科技查新成果。目前,高校中的科技查新站也加强了与社会的合作,使高校中的文献资源、人才资源能够对企业、个人的创新活动提供优质服务。

四、高校科技查新工作面临的问题

(一)查新工作管理不够严格

高等院校的科技查新站主要是结合学校本身的科技资源和信息资源而创建,同时也主要为学校的科技创新活动而服务。但许多高校的查新站处于封闭化管理的状态,与社会中科学技术的联系较弱,从而产生了管理机制不够严格的问题。一些查新站在工作过程中也存在弄虚作假的问题,在查新过程中没有依据整个行业的标准来进行。管理上的问题所产生的后果包括:对科研项目的新颖性评估存在不科学、不公正的问题、在编制报告时存在质量不高的问题、在查新服务中过于追求经济利益,而没有客观地做出评估等问题。

(二)查新报告质量有待改进

科技查新的服务工作需要严格按照标准和规范来进行、需要通过科研项目与有关文献的对比来全方面地分析项目的优缺点和新颖性。但一些高校的查新站所制定的查新报告却存在质量问题,主要由于在查新过程中没有对项目的研发过程和结果进行科学的对比分析,或者是参与的人员没有按照规范的方法来编写报告。导致低质量的查新报告难以正确地对创新主体提供指导,甚至会使用户产生错误的认知。低质量的查新报告一方面使得整个科研项目缺少新颖性,造成资源浪费;另一方面又使一些优秀的创新成果没有彰显出实际价值,给创新主体带来了很大的损失。因此,高校的科技查新工作也要结合社会整体创新形势的发展,积极开展社会化的合作,加强管理制度的建设和人才队伍建设。

(三)专家咨询制度实施不到位

高校的科技查新机构要通过建立专家咨询体系来确保查新的结果具有更高的质量。在以往简单的科技查新工作中,许多工作人员只依靠对检索文献的比对就得出结论,容易导致人们对于一些先进的学术研究成果出现遗漏,错误地判断科研项目的价值。为此,在科技查新工作中,高校应该结合项目所展现的内容,建立评审专家组。专家组要能够站在更高的角度去评审创新项目,通过对先进科学理论和高端学科的研究,找出创新项目中的热点问题。我国的一些高校在建立科技查新站过程中,只依靠本校的人员来开展查新工作,没有重视与外校和社会中的专家学者开展合作。

(四)查新队伍建设有待加强

高质量的查新工作需要文献资源和人才队伍两个方面的支持。高校在开展科技查新工作时,通常具有图书馆文献资源的优势,但容易缺少专门的技术人才。查新人才不仅要从校内图书馆的文献资料中进行对比来获取新资料,也需要掌握信息技术能力,从国内外的文献数据库中获取新的资料。有些高校查新站在培养人才过程中,只注重培养工作人员对互联网平台的使用,但却忽略这些人员没有使用国际文献信息检索的能力。一些工作人员由于能力不足,导致其无法判断信息资源的准确性,也无法从国内外的信息库中检索到先进的科技文献。

五、促进高校科技查新发展的政策建议

(一)细化各查新站的管理制度

我国的教育部门在全国普通高校和高职院校建立科技查新工作站的过程中提供了很多政策和资金上的支持,帮助高校能够按照查新技术标准加强管理制度建设,提高查新服务的质量。在制度建设上,高校查新工作站需要遵守科技部提出的《科技查新机构管理办法》《科技查新规范》等规范制度,并按照教育部提出的《规范科技查新机构的意见》来完善制度建设。其中主要包括建立先进的联机检索体系、组建专业人才队伍、组建专家队伍、加强文献资源建设等。各个学校也需要按照科技查新工作的需求,制定科技查新的工作细则,提高工作人员的服务能力和工作能力,为查新工作创建高质量的查新报告。高校查新站也需要弥补人才结构建设的短板,加强人力资源管理,制定相关的工作激励机制,使工作人员的积极性得到提高。

(二)定期和不定期的审核和抽查

高校在开展科技查新工作中,要通过不断提高查新的质量来提高竞争力,并且使查新工作与创新活动实现良性互动。要想提高查新质量,各个部门和主管机构就需要对查新站进行审核与抽查。在教育领域,审核与抽查工作一般由教育主管部门负责,主要方法是在各类高校的查新项目中抽查一部分报告,让专家来对报告的质量做出评审。同时,高校的主管部门还需要对高校中的科技查新站进行年检,确保这些查新站能够合理、合法地开展各项工作。

(三)严格控制查新工作过程

在提高科技查新质量的改革工作中,高职院校应建立先进的管理体制,对查新的工作流程做出严格规范。其中主要的措施包括:一是要牢牢把握人员的工作流程、明确各个部门的分工、对文献检索和报告的质量进行严格把关;二是查新机构要与用户进行多方面的交流,在项目进展过程中建立沟通

制度,双方能够及时交换意见;三是注意高职院校图书馆的科技馆藏文献收集,提高查新站的文献检索能力,借助国际检索系统收集国内外先进的科技文献资源;四是建立严格的质量监管制度,对工作人员的工作情况和查新报告的科学性进行审核。要避免查新机构中出现形式主义和功利主义问题,对只追求经济利益的人员和机构进行相应的处罚,必要时要取消其进行科技查新的资质。

(四)加强查新人员培训和交流学习

科技查新工作具有季节性的特点,二季节性又受到我国科技项目申报制度的影响,在项目申报期间,查新机构的业务量通常比较多,因而这一时期特别需要加强查新质量的监管。高职院校的查新工作需要有一批专业化的查新人才队伍,需要通过人才引进和专业培训的方式提高查新人员的业务能力与职业道德素养。在查新工作的发展中,高校查新站要利用本校和社会中的人才优势,培养出具有较高查新技术能力的骨干队伍。在查新任务较重时,需要合理扩充人员,要加强与社会中其他机构的合作,组建专家评审团队。高职院校的科技查新站要不断适应科技创新环境的变化,能够满足社会中对于项目查新的需求。为此也需要查新站能够加强与社会机构的交流、学习先进的技术和理念、不断调整管理机制。

六、结语

在我国的自主创新体系发展过程中,高职院校需要在学科建设和创新活动中重视科技查新事业的发展。高职院校在加强图书馆的信息化建设中,应围绕查新服务的需求丰富馆藏文献结构,积极吸收国内外先进的科学技术成果。图书馆要时刻关注当前前沿技术和交叉学科的发展动态,填补我国缺乏的科学技术文献空白。同时,高职院校的查新工作发展,也需要在相关部门的支持下,不断适应创新环境发展的需求,重视文献建设和人才队伍建设,提高查新工作的质量。高职院校要通过图书馆事业及科技查新事业的联动发展,为学校和社会的自主创新活动提供强有力的支持。

参考文献

[1] 曹静.高校智慧图书馆建设与应用研究[M].北京:中国商务出版社,2019.

[2] 曹瑞琴.高校图书馆学科服务与智慧化建设[M].长春:吉林出版集团股份有限公司,2020.

[3] 郭向勇.高职高专院校图书馆绩效评价方法研究[M].北京:电子工业出版社,2017.

[4] 何津洁.高校图书馆读者服务工作拓展与创新[M].北京:北京工业大学出版社,2018.

[5] 江莹.基于信息资源建设与读者服务的高校图书馆发展研究[M].长春:吉林大学出版社,2020.

[6] 刘永亮.高职院校文化育人的理论与实践探索[M].北京:北京理工大学出版社,2022.

[7] 瞿小丹.高职院校网络学习空间实践与探索[M].北京:中国书籍出版社,2021.

[8] 王凤翠."一流学科"建设高校图书馆支持体系创新研究[M].武汉:华中科学技术大学出版社,2020.

[9] 王官成,苟建明.高职院校文化育人的创新与实践[M].北京:光明日报出版社,2018.

[10] 杨永华.智慧时代高校图书馆服务创新与发展研究[M].北京:中国原子能出版社,2020.

[11] 云玉芹.新时代高校图书馆社会化服务与创新[M].吉林:吉林人民出版社,2021.

[12] 张丰智,李建章."双一流"建设背景下高校图书馆建设与服务[M].北京:北京邮电大学出版社,2019.